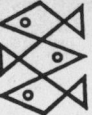

Über dieses Buch Mit diesem Buch unternimmt eine Malerin selbst zum ersten Mal den Versuch, eine Geschichtsschreibung zu korrigieren, die bisher Künstlerinnen nicht ernst nahm, sie in ein »Eckchen im Vaterhaus der Kultur« abschob oder sie ganz ignorierte. Gisela Breitlings Rekurse auf die eigene Biographie machen nachvollziehbar, was es für eine Künstlerin bedeutet, sich mit einem Kulturbetrieb konfrontiert zu sehen, der künstlerische Produktivität als Geschlechtseigenschaft in männlicher Erbpacht hält. Mit Schärfe und Ironie greift sie die marktorientierte Kunstszene an, die Entmündigung der Betrachter/innen, aber auch dogmatische Vorstellungen von exklusiv weiblicher Ästhetik.

Der Bildteil zeigt Werke aus einer Zeit von nahezu tausend Jahren, in denen Frauen, sich selbst sehend und begreifend, künstlerische Zeichen gesetzt haben. Er dokumentiert eine versunkene, verloren geglaubte Geschichte, die es wert ist, rehabilitiert zu werden.

Der Titel des Buches greift ein Zitat von Anna Maria Schuurmann (1607–1678) auf: »Daher wird es geschehen, daß in späteren Zeiten der Leser der Geschichte während einer langen Epoche nicht mehr Erinnerung an unsere Namen findet, als ein Schiff Spuren hinterläßt auf seinem Weg durch die Wellen.«

Die Autorin Gisela Breitling, geboren 1939 in Berlin, Lehre als Musterzeichnerin, 1958 erste Beteiligung an einer Ausstellung in Lindau, 1960 bis 1962 Studium an der Textilingenieurschule Krefeld, Reisestipendium nach Florenz und Rom. 1962 bis 1968 Studium an der Hochschule für Bildende Künste in Berlin, 1965 erste Einzelausstellung, 1968 Ernennung zur Meisterschülerin, 1977/78 Gastaufenthalt in der Villa Massimo; lebt in West-Berlin. Neben Beteiligung an vielen Gruppenausstellungen zahlreiche Einzelausstellungen in Berlin, München, Frankfurt, Graz, Genf, Kassel, Nürnberg, Hamburg, Augsburg.

Gisela Breitling

Die Spuren des Schiffs in den Wellen

Eine autobiographische Suche
nach den Frauen
in der Kunstgeschichte

Fischer Taschenbuch Verlag

Überarbeitete und ergänzte Ausgabe
Veröffentlicht im Fischer Taschenbuch Verlag GmbH,
Frankfurt am Main, Oktober 1986

Lizenzausgabe mit freundlicher Genehmigung
des Oberbaumverlages, Berlin
© by Oberbaum Verlag 1980
Verlag für Literatur und Politik GmbH und Co Betriebs KG
Postfach 127 / 1000 Berlin 21
Umschlaggestaltung: Susanne Berner,
unter Verwendung des Gemäldes »Ich bei Menzel lernend« (1982)
von Gisela Breitling
Gesamtherstellung: Clausen & Bosse, Leck
Printed in Germany
1480-ISBN-3-596-23780-7

Inhalt

Edelgard Abensteins engagierte und freundschaft-liche Hilfe war für die Entstehung dieses Buches unentbehrlich. Hier mein Dank in memoriam der mit ihr bei schwarzem Kaffee durchdiskutierten Nächte. G. B., September 1980

Denn es ist so weit gekommen, daß uns weder die Hoffnung gelassen wurde, uns an Ehre und Würde zu freuen, noch die auf Anerkennung unserer Verdienste, die doch die Seele zu höheren Flügen verlockt.

Vergebens ist unser Stolz auf den Adelstitel, den wir unserer Abstammung verdanken, wenn wir selbst für immer im Dunkel schmachten müssen.

Daher wird es geschehen, daß in späteren Zeiten der Leser der Geschichte während einer langen Epoche nicht mehr Erinnerung an unsere Namen findet, als ein Schiff Spuren hinterläßt auf seinem Weg durch die Wellen.

Anna Maria von Schuurmann, 1607–1678[1]

Wachsfigurenkabinett

Kürzlich fand ich ein Buch mit kolorierten Stichen der Maria Sybilla Merian wieder. Ich hatte es schon als Kind besessen. Jetzt staunte ich darüber, welchen Eindruck die ziemlich miserablen Abbildungen früher auf mich gemacht hatten: sie waren Wunderwerke von unbeschreiblicher Feinheit gewesen. Damals wollte ich Malerin werden. Später, nachdem ich eine Biographie der Forscherin Amalie Dietrich gelesen hatte, wollte ich Biologin werden. Diese beiden Bücher, die durch Zufall in meine Hände geraten waren, haben einen wichtigen Anteil an dem Umstand, daß ich mir – als Mädchen – ein selbständiges Leben mit dem Anspruch auf einen Beruf vorstellen konnte, der mehr als nur vorläufige Existenzsicherung und Zubrot-Verdienst bedeuten sollte.

Etwa ab dem Alter von 14 Jahren führte ich eine innere Doppelexistenz. Reproduktionen von Bildern spielten darin eine große Rolle. Ich hatte Stiche von Dürer in Abbildungen gesehen und verfolgte mit einer Mischung aus Erschrecken und Faszination die Schraffuren und Strichlagen seiner Graphik, die Knitterfalten der Stoffe und Gewänder, die parallelen Linien, die leicht gebogen die Rundungen von Armen und Busen der Madonna beschrieben.

In einem Konversationslexikon entdeckte ich briefmarkengroße Abbildungen von Gemälden der italienischen Renaissance und war erstaunt über die völlig unnatürliche, entrückte Grazie der Figuren, ihre elegante Haltung, die Starrheit ihrer fließenden Bewegungen, die Stille, die von ihnen ausging – in der sie sich aufzuhalten schienen.

Es war eine unzugängliche, unberührbare Welt, eine vollkommene, in die nur Genies eintraten, unter, wie ich später erfuhr, widersprüchlichen Bedingungen: sie waren von Göttern oder Geistern begnadet worden, litten unter ihrem unstillbaren Schaffensdrang, unter ihren Visionen. Sie hatten aus geheimnisvollen dionysischen Bechern getrunken und waren von der Muse geküßt worden. Sie waren allerlei Lastern unterworfen und trieben es mit Weibern von zweifelhaftem Ruf, blickten dann aber wieder in die sanften und keuschen Augen kunstverständiger Damen, die sie in die höchsten Gesellschaftsschichten hinaufkomplimentierten. Sie genossen die

Freundschaft des Hofs und der Diplomatie ebenso wie die von Saufkumpanen und verschrobenen Originalen, von Weisen und Gelehrten, von Dichtern und anderen Künstlern.

Meine Vorstellungswelt speiste sich aus trivialen Quellen, Agnes Günthers ›Heilige und ihr Narr‹ wird darin eine wichtige Rolle gespielt haben. Aber auch die bessere oder die ›gute‹ Literatur vermochte die Klischees vom Künstlerleben und die Rolle der darin auftretenden Frauen nicht entscheidend zu korrigieren.

In dieser Welt im Kopf wollte ich immer »der Künstler« sein und identifizierte mich mit *seinen* Kämpfen, Problemen und Lieben. Das gelang nur unvollkommen. Sobald Frauen den Schauplatz betraten, war ich Mann und Frau gleichzeitig. Ich betrachtete die Anmut der schönen Geliebten mit den Augen des Künstlers, von dem da die Rede war, wollte aber zugleich selber mit diesen Augen betrachtet werden.

Die Künstlerin und die Biologin jedoch (Maria Sybilla Merian und Amalie Dietrich) ließen weiter davon träumen, mich in die Welt hinauszuwagen, mit dem Buschmesser durch afrikanisches Unterholz auf der Suche nach märchenhaften Blumen und Giftpflanzen, deren Säfte in Ekstase versetzen oder auf wundersame Weise todbringende Krankheiten heilen, oder im fernen Surinam handgroße Schmetterlinge und riesige, langbehaarte Raupen zu betrachten, Orchideen, fremdartige Vögel und Spinnen zu zeichnen, zu malen, in Kupfer zu stechen.

Nachdem mein Vater mir die Berufsalternativen Hausgehilfin (da verdient man sehr gut und qualifiziert sich gleichzeitig für die Ehe) und Sekretärin angedient hatte, nachdem ich neben Grimms Märchen und den Sagen des Klassischen Altertums auch etliche Elkes und Trotzköpfchen in mich hineingefressen hatte, nachdem Familie und Schule das Ihre getan hatten, mich für ein Leben aus zweiter Hand – verantwortlich für das Glück des zukünftigen Mannes und der zukünftigen Kinder – zu präparieren, versenkte ich den Traum von der weiten Welt nach und nach in einem Bereich meines Inneren, der mir selber kaum zugänglich war.

Bücher, die ihn noch einmal hätten beleben können, habe ich nicht mehr in die Hände bekommen. Meine tägliche Erfahrung lehrte mich endgültig, daß alles, was interessant, lustig und wichtig war, nur von Wesen männlichen Geschlechts erlebt und getan werden durfte, was dagegen langweilig, dumm, albern oder mühselige Pflicht war, den Wesen weiblichen Geschlechts zukam.

Künstler führten für meinen Geschmack ein beispielhaft intensives Leben. Bei meiner Beschäftigung mit ihnen spielte die Erotik eine nicht geringe Rolle.

Sie besaßen meiner Ansicht nach Privilegien besonderer Art und konnten sich beispielsweise erotische Eskapaden leisten, die gewöhnlichen Männern nicht so selbstverständlich zustanden. Sie spürten nämlich einen ungeheueren Lebensdrang und eine entsprechend starke Sinnlichkeit, die – so ihre Biographien – den Umgang mit Huren unvermeidlich, ja geradezu zur Pflicht machten. Weibliche Prostitution erfüllte mehrere Bedürfnisse gleichzeitig. Die eigens hierfür von der Natur bereitgestellte Sonderanfertigung der weiblichen Spezies verkörperte das Sinnliche schlechthin und ihre Verwendung für künstlerische Zwecke ermöglichte Frauenverachtung, gönnerhaften Genuß und eine bohèmehaft-protestlerische Haltung gegenüber spießbürgerlichen Reglementierungen der Geschlechter-Beziehungen. Das nackte Weib im Atelier, das Modell, gehörte ebenso zu der leicht verruchten Atmosphäre wie der Geruch nach Terpentin und Leinöl.

Bedeutete also »künstlerische Freiheit« die sexuelle? Die sexuelle und die künstlerische Freiheit – hieß das nicht, sich eigene Normen schaffen?

Die »eigenen Normen« der Künstler waren merkwürdig konform. Wovon ideologisch zugerichtete Künstlerbiographien berichteten, unterschied sich kaum von Künstlerbildnissen, wie sie respektable Dichter geschaffen hatten: Tonio Kröger (Mann), Haake (Hauptmann), Glahn (Hamsun) oder Klingsor (Hesse).

Die Künstler, manchmal etwas zurückgeblieben, was ihre sinnlich-soziale Entwicklung betraf, stets mit sich allein, grüblerisch, von noch nicht deutbarem Drang beseelt, stammten aus reicheren Häusern, zogen sich zum Essen um, putzten niemals ihre Schuhe selber und gewannen die Zuneigung weiser, väterlicher Herren, die sie in das wichtige Netz der Beziehungen zwischen denjenigen Menschen einführten, auf die es ankam. Unbedarfte und bedarftere Weiber säumten ihren Weg, die einen waren dazu da, sich unter den Rock schauen, die anderen, selbstverleugnende Fürsorge angedeihen zu lassen, die dritten, gesellschaftliche Hürden zu nehmen, die vierten endlich, vielleicht die wichtigsten, jene unentbehrliche Atmosphäre des Anrüchigen, Unkonventionellen, Unspießigen, Protestlerischen zu schaffen: die Huren, die Mondänen, die Midinetten und Tänzerinnen, die Modelle – kurzum die Weiber halt, die mit Wein und Gesang ein Drittes waren und Leib und Seele zusammenhielten.

Hatten die angehenden Künstler, mit Apanagen ebenso versehen wie mit Bildung, Anstand und Freunden im Ausland, die notwendigen Reisen und Besuche gemacht und daneben eine nicht näher erläuterte Erfahrung, die Thomas Mann im Tonio Kröger diskret mit »Ausschweifungen« bezeichnet, hatten sie mit väterlichen Wechseln ihre Spielschulden beglichen, ihre Duelle und obligaten Kavaliersdelikte begangen, so kehrten sie, zum Manne und Künstler gereift, mit einem unerläßlichen Tropfen Bitterkeit und Wehmut in der Seele zurück in ihre Heimatstädte, wo noch immer dieselben Mädchen an denselben Fenstern saßen und langsam alt wurden – ohne daß Wehmut und Bitterkeit sie anmutiger, reifer oder gar zur Künstlerin gemacht hätten.

Neben dem gut versorgten höheren Sohn gab es den quasi-proletarischen Künstler, den »armen Poeten«, der weltfremd und frierend in der Dachkammer hockte.

Der Erfolg von Spitzwegs betulicher Kritik am verkannten Genie beruht auf der unausrottbaren Vorstellung, der Künstler werde durch Elend und Verzicht zu höherer Vollkommenheit geläutert.

Der Mythos vom Künstlerleben – stabil trotz (oder wegen) aller Widersprüchlichkeit – hält für jedermann Identifikationsmöglichkeiten parat und erweist sich damit als Stütze der Gesellschaft. Wer kennt sie nicht, die tolldreisten Selbstverständlichkeiten:

1. Künstlerische Qualität und menschliche Größe fallen zusammen. Ein Künstler ist ein großer, edler, wertvoller Mensch.
2. Einem Künstler sind menschliche Schwächen erlaubt, irgendwo ist auch ein Künstler ein Mensch.
3. Er ist kein Spießer, er ist einfach weil er Künstler ist absolut unspießig.
4. Er schlägt gern über die Stränge, er ist vital und säuft gern. Er muß gut essen und trinken. Er braucht Anregung, er braucht Gespräche und die Auseinandersetzung mit anderen und mit Gleichgesinnten. Ein Künstler braucht Beziehungen. Er lebt in Kneipenkumpanei mit Künstlern oder auch mit einfachen Menschen = Männern.

»Bildhauer Stefan Wewerka geht hin, weil er an der Theke gerne Charlie Parker und Ben Webster hört. Maler Markus Lüpertz kommt, weil man sich nirgendwo sonst in Berlin so angenehm zum tolldreisten Höhenflug trinken kann. Galerist Wolfgang Chrobok schätzt den Dialog mit den Männern hinter der Theke, weil nur ›Woody Allen bessere Sprüche zum Zeitgeist macht‹. Ein Herr, weit in den Sechzigern, speist allabendlich einen Strudel und geht dann wieder. Schriftsteller Brasch trinkt sein Bier, weil ihn hier niemand fragt: ›schon eingelebt im Westen?‹ Max Frisch, sofern in Berlin, kommt, weil er mit Oswald Wiener, dem Spiritus Rector des Lokals befreundet ist.«[2]

Es darf aber auch mal die Hauswartsfrau sein, deren Schlichtheit den Künstler berührt – oder die er auch anders kennt, z. B. wie sie unterm Rock ausschaut.

5. Ein Künstler ist einsam.

Er braucht Frauen als Modelle, weil Kunst sinnlich ist. Er braucht Nutten: Da gibt es keine Tricks und keine falschen Spiele wie bei den andern, wobei die andern letztlich auch Nutten sind, ohne den Vorteil, dies einzugestehen. Wenn Dali seinen nackten weiblichen Modellen etwas voronaniert und seinen Samen auf ihre Schenkel laufen läßt, ist das nicht die Entgleisung eines egozentrischen alten Mannes, sondern Demonstration von Freiheit und Ablehnung bürgerlicher Normen, also Ausdruck von Genialität.

6. Ein Künstler, dessen Lebensverhältnisse ärmlich oder bescheiden sind, ist kein guter Künstler.

7. Er sollte keine finanzielle oder sonstige Sicherheit haben, er braucht den Kampf, die intensive Auseinandersetzung, sonst fällt ihm bald nichts mehr ein.

8. Er muß arbeiten, arbeiten, arbeiten. Genie ist Fleiß.

9. Zur Durchsetzung seiner Kunst sollte er nichts tun. Nur sie darf für sich sprechen.

10. Ein erfolgloser Künstler ist ein schlechter Künstler. Ein guter Künstler ist erfolgreich. Qualität setzt sich durch.

11. Ein erfolgreicher Künstler ist einer, dessen Name in Anthologien und Publikationen vorkommt. Kunst ist ›natürlich‹ darüber gibt es keine Debatten »alles, was Künstler machen, was die Museen ausstellen, die Verlage drucken, die Sammler sammeln, die Galerien verkaufen«.[3]

12. Ein erfolgreicher Künstler ist teuer. Je teurer ein Kunstwerk, desto besser ist es auch. Wirklich gute Kunst ist unerschwinglich.

13. Ein guter Künstler macht zeitgemäße Kunst. Was zeitgemäß ist, wird von Kritikern erkannt und besprochen. Was gut ist und sich durchsetzt, bestimmen sie. Sie sind so gut informiert und aufgeschlossen und haben einen so entwickelten Kunstverstand, daß sie

nur die Kunst besprechen, die es verdient hat. (Daß es jetzt keine verkannte Kunst mehr gebe, äußerte gesprächsweise der Leiter eines bekannten Museums, da man inzwischen über exakte Kriterien verfüge, anhand derer sich feststellen ließe, was etwas tauge.)

14. Die Geschichte sondert die Spreu vom Weizen, sie ist ein weises und gerechtes Sieb von untrüglichem Geschmack. Was durch seine Maschen fällt und vergessen wird, erfährt ein gerechtes Urteil.

15. Kunst ist Protest gegen die Gesellschaft. Wer in der Kunst einen Augenschmaus sucht, hat sich geschnitten. Kunst ist unangenehm.

Alle Kunst geht vom Manne aus

... wie schön ist's, wenn der Gatte mit einem herzlichen
Gedichte seiner Gattin oder das Kind von seiner Mutter
an einem Geburtstagsfest überrascht wird! Doch das ist
nur Nebensache! das Mädchen, welches ein Gedicht machen
kann, darf sich darauf nicht mehr einbilden, als auf
eine zubereitete Speise.

Aus einer Erziehungsfibel des Jahres 1792

Wenn eine Frau Karriere versäumt, weil sie Kinder hat,
kann das für sie schlimm sein. Aber nach meinem
Verständnis hat sie das Wichtigere geleistet.

Martin Walser, 1978

Das Bild vom Künstler im Kopf war hinderlich bei eigenen Malver-
suchen. Ich unternahm sie, weil ich Bilder *haben* wollte. Auch die
Gegenstände selber, eine Landschaft beispielsweise, meinte ich da-
mit in Besitz nehmen zu können.
Bei der Aneignung der Motive waren allerhand noch unverstandene
Vorbilder beteiligt: van Gogh, Franz Marc, ein bißchen Cézanne,
Nolde und daneben ein völlig unbekannter Spätromantiker, von
dem ich einmal ein endlos langes Panoramabild der Bodenseeland-
schaft gesehen hatte, das mich vor allem beeindruckte, weil ich darin
Plätze wiedererkannte, die ich als Kind durchwandert hatte. Ich be-
wunderte es wegen seiner fotografischen Genauigkeit.
Alle Vor-Bilder stammten von Männern.
Die Bedeutung dieser Tatsache war mir damals nicht bewußt. Aber
unbewußt muß ich darauf reagiert haben. Ich hatte große Hemmungen, wenn ich mich mit meinem Zeichenblock irgendwo hinstellte,
um Skizzen zu machen, und ich hoffte jedesmal inständig, daß niemand vorbeikommen und Kommentare zu meinen Bildern abgeben
möge. Ich wollte nicht gesehen werden. Nicht nur weil es mir peinlich war, wenn jemand meine Aquarelle betrachtete, sondern auch,
weil ich das Gefühl hatte, etwas zu tun, das mir eigentlich nicht
zustand. Traf man hingegen einen mittelalterlichen Herrn mit Hut

und Klappstaffelei irgendwo beim Malen an, so war das in Ordnung.

Zu Hause, beim Malen von Blumen oder den ausgetretenen Schuhen meiner Mutter hatte ich ein anderes Gefühl. Ich konnte mich in Ruhe und ohne Ablenkung durch Ängste oder peinliche Empfindungen auf mein Vorhaben konzentrieren. Ich fühlte mich sicher, jedenfalls was meine Person betraf. Ich betrachtete mich nicht ständig von außen, mit den Augen der ›Leute‹. Wenn ich draußen in der Landschaft malte, stand ich unter dem Zwang, etwas besonders Gutes machen zu müssen, weil das allein es rechtfertigte, als Künstler aufzutreten.

In meiner Familie galt die Beschäftigung mit künstlerischen Dingen als weibliche Angelegenheit, während Technik und Naturwissenschaft Männern zugeordnet waren. Malen und Zeichnen gehörten zur Kategorie der Handarbeiten wie Stricken oder Sticken, und damit in den großen Topf der netten, aber nutzlosen Sachen, die Frauen machen und mögen: Blumen pflücken und in einer Vase anordnen; beurteilen, ob diese oder jene Farbe bei der Kleidung zueinander passen; überlegen, ob ein Kissen besser mit diesem oder jenem Stoff bezogen werden sollte. Dazu gehörte das Ostereier-Bemalen und Christbaum-Schmücken, das Packen von Geschenkpäckchen und das Gedichte-Aufsagen. Das Reparieren eines Fahrrads war dagegen nützlich, schwierig, bewundernswert und – männlich, ebenso wie das Zerlegen von alten Radios oder das Basteln von Segelflugmodellen.

Weiblich und entsprechend belanglos war auch meine Liebe zur Lyrik, die ich etwa mit 17 Jahren entdeckte. Männer hatten die Gedichte geschrieben, und das wunderte mich ganz besonders, da alle Männer, die ich kannte, Gedichte sentimental und überflüssig fanden.

Die prägendste Erfahrung meiner Kindheit und Jugend war chronischer Geldmangel, etwas deutlicher: Armut (wir lebten von der Sozialfürsorge), und daher bekam diese Einschätzung der Kunst eine gewisse Glaubwürdigkeit. An einem Bild kann man sich nicht wärmen, und von einem Gedicht wird man nicht satt, wurde mir gesagt. Und viele Leute meinen, es sei wirklich wichtiger, etwas zu reparieren oder zu basteln, um damit einen unmittelbaren Mangel zu beseitigen, statt sich mit Gedichten die Zeit zu vertreiben.

Für mich bedeutete die Kunst Freiheit und Genuß.

In ihr sah ich eine Möglichkeit, aus der Enge zu entfliehen. Kunst

Hildegard von Bingen: Aus der Handschrift ›sci vias‹ (um 1165)

2 Judith Lёyster (1609 Haarlem – 1660 Heemstede):
Lachender junger Mann mit Weinglas.
Karlsruhe, Staatliche Kunsthalle.

3 · Sofonisba Anguissola (1535/40 Cremona – 1625 Palermo): Gruppen-
portrait mit dem Vater der Künstlerin, Amilcare Anguissola, der
Schwester Minerva und dem Bruder Asdrusbale.
Sammlung Nivaagaard, Dänemark.

4 Artemisia Gentileschi (1593 Florenz – 1652/53 Neapel): David und Bathseba. *Columbus Gallery of Fine Arts.*

5   Artemisia Gentileschi: La Pittura.
London, Hampton Court.

6 Clara Peeters (1594 Antwerpen – nach 1657):
Stilleben mit Früchten und Nüssen. *Oxford Ashmolean Museum.*

7 Elisabetta Sirani (1638 Bologna – 1665 Bologna):
   Judith mit dem Haupt des Holofernes. *Baltimore, Walters Art Gallery.*

8   Adélaide Labille-Guiard (1749 Paris – 1803 Paris): Selbstporträt.
Privatsammlung.

hatte etwas zu tun mit Überfluß und Kostbarkeit. Sie war eine Art Paradies.

Unbewußt hatte ich die Bewertungsmuster übernommen, nach denen Kunst in zwei einander ausschließende Bereiche geteilt ist: die große, eigentliche, richtige Kunst, die in paradiesischer Höhe über den gewöhnlichen Menschen schwebt, und die künstlerische Betätigung, die etwas Nettes, Weibliches und liebenswürdig Verspieltes ist.

Diese Auffassung entsprach meiner unmittelbaren Erfahrung. Wo immer ich berühmter und eigentlicher Kunst begegnete, stammte sie von Männern, und wo immer ich auf Ergebnisse künstlerischer Betätigung von Frauen traf, handelte es sich um Dinge, denen kein besonderer Wert beigemessen wurde und die die Menschheit nicht gerade erschütterten. Es ist klar, daß ich dadurch auch zum umgekehrten Schluß gezwungen war: Kunst, die von Frauen stammt, kann nur belanglose Kunst sein.

Selbstverständlich wollte ich keine belanglose Kunst machen, sondern, wenn überhaupt, dann meinen damaligen Kriterien zufolge männliche Kunst: große, wichtige, beachtliche Kunst.

Wenn solche Träume in meinem Kopf herumgeisterten, schalteten sich warnende Gegenstimmen ein, die mich fragten, was ich mir einbildete, woher ich die Frechheit nähme, das Unantastbare anzutasten, und daß ich froh sein könnte, wenn ich es zu einer mittelmäßigen Stoffmusterentwerferin brächte.

Die höhnischen Worte, mit denen diese Stimmen meine Anmaßung künstlerischen Ehrgeizes straften, wichen langen, sehr vernünftigen Vorträgen über die Aussichtslosigkeit eines solchen Bestrebens. Etwa so:

1. Was weißt du überhaupt von Kunst? Du hast ja keine Ahnung davon. Verstehst du denn, was die Maler ausdrücken wollten?

2. Du bist nicht begabt genug. Denk mal an den zwölfjährigen Dürer, wie der zeichnen konnte. Abgesehen davon: selbst der begabte XY, der so besonders gut war in der Schule, hat die Aufnahmeprüfung für die Akademie nicht geschafft.

3. Kunst ist brotlos. Van Gogh hat zu seinen Lebzeiten nur ein einziges Bild verkauft. Glaubst du, daß du so etwas durchstehst? Lerne erst mal, dein Brot zu verdienen.

4. Kunst, glaubst du, habe etwas mit Freiheit zu tun. Kannst du erklären, was du damit meinst? Wer kein Geld hat, ist unfrei. Du wirst deiner Familie auf der Tasche liegen.

5. Weißt du denn, *was* du malen willst? Du weißt es nicht. Künstler sind von permanentem Schaffensrausch beseelt, sie arbeiten Tag und Nacht, in ungeheizten Dachkammern und trotz größter Beschwernisse. Sie können nicht anders. Also, schlag dir das aus dem Kopf.

Die Stimmen hatten es nicht schwer, mich zu überzeugen. Sie hatten eine verfluchte Ähnlichkeit mit der meiner Mutter, aber ich kann mich nicht erinnern, daß sie je in dieser Weise mit mir gesprochen hätte. So früh schon müssen mich die Argumente berieselt haben, daß sie vollständig mit mir verwachsen konnten. Ich wunderte mich nicht über ihre Unfreundlichkeit und über ihr Unverständnis, sondern hielt sie für Stimmen der Vernunft. Mir mein Vorhaben auszureden, bedurfte es keiner weiteren Autorität.

Ohne jeden mir erklärlichen Grund war ich damals oft sehr traurig. Zeitweise nahm ich meine Umwelt nur unvollkommen wahr und reagierte kaum auf sie. Kein Wunder, da ich mit anstrengenden inneren Monologen beschäftigt war.

Ich bemühte mich, den Anweisungen der Stimmen Folge zu leisten und eine halbwegs brauchbare Stoffmuster-Malerin zu werden. Täglich um acht Uhr trat ich meinen Dienst in der Fabrik an und lernte, mit einem speziellen Pinsel, Hunderte (oder waren es Tausende?) von exakt runden Pünktchen auf einen farbig angestrichenen Untergrund zu malen, für Trachtenmuster. Ich kopierte Pünktchenmuster, Pünktchen, die Herzen oder kleine Blümchen bildeten, oder Karos, Girlanden, Schnörkel.

Die Familie war froh – endlich war ich untergebracht. Endlich war ich wer. Ich war Lehrling. Und ich war auch froh. Endlich war ich wer. Endlich handhabe ich Farben und Pinsel mit einer gewissen Berechtigung. Das war vorher nicht der Fall gewesen.

Ich hatte mich in den Bereich von Kunst begeben, der Frauen nie streitig gemacht worden war: ein bißchen Mode, ein bißchen Stoff, ein bißchen Farbe, das gehörte zu den netten, liebenswürdigen Sachen, für die Frauen zuständig waren.

Sogar ein Studium rückte in diesem Zusammenhang in glaubhafte Nähe, es hatte ja einen vertretbaren Zweck. Mit einem Fachschulabschluß würde ich eine noch bessere Stoffmustermalerin werden und hätte Anspruch auf Anstellung und Gehalt – besseres Gehalt.

Auch meine weitere Beschäftigung mit der eigentlichen, der richtigen, wahren Kunst bekam nun durch meinen Beruf eine neue Legitimation. Sie war jetzt befreit vom unangemessen direkten Zugriff meinerseits. Sie diente schließlich meiner Ausbildung.

Dabei spiegelte mein Unterbewußtsein inzwischen perfekt die Zweiteilung der Welt: In der Kunst, wie überall sonst, gehören Männern und Frauen unterschiedliche Bereiche – den ersteren das Eigentliche, Wichtige, Menschheitsbewegende, den letzteren das Nette, Kleine, das, was man im Ernstfall besser vergißt. Niemand brauchte mir das zu erklären, es war so, und so wie es war, war es richtig.

Im blauen Dunst der Avantgarde

Diese ... Fortschritte [der Frauen] lassen sich leicht
bis zum Zeichnen ausdehnen, denn diese Kunst ist der,
sich mit Geschmack zu kleiden, nahe verwandt: ich
möchte jedoch durchaus nicht, daß man sie dazu verwendet,
Landschaften zu zeichnen und noch weniger Figuren.
Laubwerk, Früchte, Blumen, Draperien, alles, was
danach angetan ist, einem Kleidungsstück eine elegante
Linie zu geben, selbst eine Stickvorlage zu machen,
wenn man keine andere findet, die einem gefällt –
das genügt für sie.

Jean-Jacques Rousseau, Emile

In meinem Studienfach Textilentwurf waren die männlichen Kommilitonen und Lehrer in der Minderheit. Dem Gegenstand der Ausbildung haftete das Odium des Weiblichen an. In der Tat hat es nichts Emanzipatorisches, wenn Frauen sich mit Stoffen und Mode beschäftigen. Sie entwerfen die Muster, kaufen die fertigen Stoffe, nähen Kleider oder Vorhänge, mit denen sie Wohnungen dekorieren.

Die Männer waren nicht nur in der Minderzahl. Ihre Entwürfe hatten leicht etwas Gesuchtes, Gequältes. Manches war ausgesprochen geschmacklos, industriekonforme Kilometerware nannten wir das.

Die Entwürfe der Frauen bezogen sich mehr auf das, wofür sie schließlich gemacht waren, für Stoff. Sie suggerierten deutlich das Textile, man ahnte das Material, Leinen oder Seide. Sie waren griffig, phantasievoll, elegant. Sie waren oft äußerst raffiniert, sowohl was die verwendeten Techniken betraf, als auch die Farbigkeit und die Formerfindung. Es entstanden dekorative Gebilde von großem ästhetischen Reiz. Die Frauen waren den Männern deutlich überlegen – und ich vermute, sie wußten das.

Aber es wurde nicht darüber gesprochen.

Selbst unsere Dozentinnen leisteten sich das Vorurteil einer Fehleinschätzung, und daher glückte es keiner einzigen Frau, in den Rang eines Assistenten erhoben zu werden. Dieser angesehene Posten war stets von einem männlichen Kommilitonen besetzt. Später erfuhr ich, daß es den wenigen Männern, die damals mit mir studierten, gelungen war, die begehrten gutbezahlten Jobs in der Industrie zu erhalten. Die Einkäufer, Direktoren, Verhandlungsführer, Leiter der Textilabteilungen in den großen Kaufhäusern und die Modeschöpfer, die die Linie festlegten und bestimmten, was Frauen in der nächsten Saison zu tragen hatten, waren Männer. Sogar in dieser als genuin weiblich angesehenen Branche bevölkerten Frauen nur die untersten Ränge. Denn auch jene Tätigkeiten, die allgemein als weiblich gelten, unterstehen der Oberaufsicht der Männer.

Wie wird ein Mensch damit fertig, daß seine Leistungen nur deswegen nicht ihrer Qualität entsprechend honoriert werden, weil er nicht das Glück hat, derjenigen Kaste anzugehören, der allein soziale Anerkennung und Lob zukommt? Dies in einer Gesellschaft, die sich pluralistisch nennt, während die in ihr versammelten Individuen in einsamen Konkurrenzkämpfen isoliert sind. Die soziale Hierarchie wird mit unterschiedlichen Leistungen legitimiert und die Ursachen für mangelnden Erfolg sucht jeder bei sich selbst. Eine Lösung der Probleme besteht notwendig in der Verdrängung, in der Entwicklung einer schizophrenen Haltung.

Selbst in traditionell weiblichen Arbeitsbereichen (sobald sie sich außerhalb des Hauses befinden) werden die Frauen zu einer fast kämpferischen Haltung gezwungen. Es ist der Zwang, auch in ihrem angestammten Bereich das Recht auf Arbeit unter Beweis stellen zu müssen. Die Erlaubnis hierfür wird stets von Männern erteilt. Frauen müssen sogar ihre Positionen bereits dann verteidigen, wenn sie sie noch gar nicht innehaben. Von daher betrachtet war der Berufsehrgeiz der Frauen, die Textilkunst studierten, ein Schritt in Richtung Selbständigkeit und Emanzipation.

In meiner neuen Umgebung gab es Volkshochschulen, Bibliotheken, eine Werkkunstschule, ein avantgardistisches Museum. Ich ging zum Aktzeichnen, hörte Vorlesungen über Philosophie, schleppte Berge von Büchern in mein kleines möbliertes Zimmer, zeichnete und malte. Ich las Schopenhauer und Nietzsche. Die Sprache der Pessimisten entzückte mich. Ihnen fühlte ich mich zugehörig, besonders dann, wenn ich in ihren Texten klar und scharfsinnig dargelegt fand, was ich selbst manchmal undeutlich empfunden hatte, mir aber nicht erklären konnte. Ihr bitteres Räsonnieren paßte gut zu meiner eigenen Haltung. Die Empörung, mit der beispielsweise Karl Kraus gegen beamtete Dummheit wetterte, tat mir in der Seele wohl.

Ich glaubte, mit meinem Kopf die Welt vereinnahmen zu können, in sie hineinrennen zu können, in ihr zu Hause sein zu dürfen.

Gleichzeitig lernte ich mehr von der Malerei der Gegenwart kennen. Ich sah nicht nur große Ausstellungen von Chagall und Lautrec, sondern auch Yves Klein, Wols, Nay, Baumeister. Ich sah Bilder von Klee und Kandinsky, geometrische und dynamische Abstrakte, Expressionisten und Fauves, die Brücke-Maler und Man Ray.

Meiner damaligen Kenntnis entsprechend begann die moderne Kunst mit den Impressionisten. Sie waren – so erfuhr ich – die ersten umstrittenen Maler gewesen. Auf ihre Bilder waren einst empörte Ausstellungsbesucher mit Regenschirmen losgegangen. Die Ablehnung eines in einer Ausstellung präsentierten Kunstgebildes wurde daher im Verlauf meines Lernprozesses zum Synonym für mangelnden Kunstverstand und borniert Ahnungslosigkeit.

In den Vorlesungen über Kunstgeschichte lernte ich auch mir schon vertraute Kunst neu und besser kennen: die der Gotik und der Renaissance, die Malerei des Barock, des Klassizismus, der Romantik. Meinen Status als Lernende hatte ich aber inzwischen soweit verinnerlicht, daß ich meine Begeisterung für ganz bestimmte Epochen verleugnete und beiseiteschob. Sie widersprach der geforderten Objektivität. Ich hatte einen umfangreichen Stoff zu bewältigen und erlaubte mir weder ein Urteil noch auch nur eine Vorliebe.

Natürlich wollte ich nicht zu den spießigen Leuten gehören, die mit Regenschirmen auf Kunst losgingen, sondern zu denjenigen, die einschätzen konnten, was neu, wichtig und seiner Zeit voraus war. Wenn sich also in einer Ausstellung unpassende Gefühle einschlichen, etwa unangenehm berührt oder sogar gelangweilt zu sein, fanden sofort innere Berichtigungs-Monologe statt. Avantgardistische Kunstkenner erhoben in mir ihre Stimmen und sagten z. B.: Dies hier sind Bilder der mystischen Versenkung, der Betrachter blickt in Landschaften und Räume, die zu Meditation aufrufen. Hier ist er gefordert, selber, als mündiger Mensch, die Kunst assoziativ zu vollenden; oder: diese abstrakte Malerei ist Realismus von bisher unbekannter Präzision. Das Mikroskop hat Strukturen und Farben, z. B. von Metallen, sichtbar gemacht, die genauso aussehen. Die Maler haben den Mikrokosmos visionär vorausgeahnt, sie haben ihn gemalt, bevor die Wissenschaft ihn sichtbar machen konnte.

Oder: Das mystische Blau schlägt den Bogen von der Himmelsbläue über die gemalten Himmel eines Giotto bis hin zu uns, in die Gegenwart. Die Farbe selber ist Magie – Niederschrift eines Menschheitstraums von verlorenen und künftigen Paradiesen. Ich wußte zwar, wo das fabelhafte Pigment käuflich zu erwerben war und hielt mich auch selber für imstande, es anzurühren und Gegenstände hineinzutauchen. Aber ich wußte natürlich auch, daß es darauf ankam, die erste zündende Idee gehabt zu haben, und daß es peinlich ist, eine Idee zu plagiieren.

Vor Bildern, die mich nicht sonderlich interessierten, konnte ich mich allmählich durch Autosuggestion in tiefe Erschütterung versetzen und begeistert von ihnen berichten. Wenn ich aus einer Ausstellung kam und von autosuggestiven Bildern erfüllt nach Hause ging, ertappte ich mich oft bei der intensiven Betrachtung von Unregelmäßigkeiten und Rissen in der Straße. Die Muster der mit Teer zum Teil verschmierten, zum Teil in feinen Krakelüren verästelten Striche faszinierten mich. Sie schienen mir geniale Erfindungen von großer Einfachheit und großem Formenreichtum zu sein. Die breiten Flächen schwarzen Teers, plastisch hervortretend, manchmal glänzend, mit runden Rändern, standen kräftig aufgesetzt neben den graphischen Gebilden der feineren Risse. Das Grau der Straße setzte sich aus winzigsten Mosaiken von weißlichen, helleren, grauen und schwärzlichen Steinchen zusammen, die manchmal mehr kreisförmige, manchmal mehr eckige Figuren ergaben. Diese Mikrostruktur wurde durchkreuzt von bröckeligen Kanälen mit gekrisselten Ufern. Manchmal waren die Straßen mit unregelmäßigen Flecken von Nässe bedeckt. Zwischen den durch Teer eingegrenzten Flächen lagen Wasserpfützen, blendend hell oder kräftig blau oder grau. An diesen Gebilden konnte ich mich nicht sattsehen. Die Kunst hat dich sensibilisiert, sagte ich mir. Vielleicht. Vielleicht hatte auch meine unbefriedigte Erwartung eine innere Leere zurückgelassen, die ich nun mit meiner Phantasie ausfüllte.

Eigengesetzlichkeit des Materials, das hatte ich gerade gelernt, war zu einem Thema der Malerei geworden. Farbtuben wurden auf Leinwände gespritzt oder mit komplizierten Vorrichtungen ausgewalzt, Autos fuhren über Farben, nahmen sie auf, hinterließen Spuren auf Malflächen. Maler schoben Fahrräder durch Farbe und dann auf die Bildgründe. Dies alles war Absicht, geschah mit der Absicht, etwas sichtbar zu machen.

Hier aber, auf der Straße, waren ästhetische Formen zu sehen, und gerade daß sie absichtslos da waren, zufällig entstanden, entzückte mich. Hiervon fühlte ich mich angeregt und frei zu Assoziationen.

Unfrei machten mich Gebilde, die den Zufall zum Kunstwerk erklärten, dem Zufall auf die Schliche kommen wollten, ihm, der etwas so Alltägliches und Einfaches ist.

Wo marktgängige Interpretationen das Kunstgebilde festschreiben, unterliegt der Betrachter dem Zwang, eigene Wahrnehmung im Sinn von vorgegebenen Auslegungsmustern zu berichtigen. Seine Erfahrungen werden zensiert, außer Kraft gesetzt. Die Preisgabe individuellen Erlebens zugunsten einer autoritätsbezogenen Unterordnung geschieht ganz im Sinn der allgemeinen Zurichtung in einer Gesellschaft, die Mündigkeit und autonomes Handeln des Einzelnen vorgeblich fordert und faktisch beschränkt. Gleichförmig und arm an Ereignissen (Happenings) vollzieht sich das Leben der meisten Menschen. Ihr Tun (Aktion) und ihre Selbstdarstellung (Performance) ist begrenzt.

Einem Ready-made ähnlich wird das Leben selber nun in einen Kunst-Raum gestellt, abgelöst von den Relationen und Zielen, die es im menschlichen Zusammenhang notwendigerweise hätte. Gereinigt von seinen Verbindlichkeiten, in ästhetisierender Weise segmentiert und stilisiert, ein Als-ob-Leben, Als-ob-Tun, Als-ob-Ereignis, behauptet es sich in diesem Abgelöstsein als Ereignis an sich, Aktion an sich. Stellvertretend überläßt es die Gesellschaft einer winzigen Gruppe von Menschen, symbolisch zu vollziehen, was sie ihren Mitgliedern allgemein versagt.

Es ist denkbar, daß solche ästhetischen Kulthandlungen erst in dem Moment möglich wurden, wo sie notwendig waren, um ein Vakuum, einen existentiellen Mangel zu überdecken. Sie lassen sich als Indikator für die Vielzahl von Reglementierungen verstehen, die dem Einzelnen auferlegt sind, analog etwa denen, die der Katalog der niedergeschriebenen Gesetze darstellt. (Das Gesetz, die Würde des Menschen sei unantastbar, bildet ein eindeutiges Indiz dafür, daß sie angetastet wird.)

Selten in der Geschichte waren Akademien und Museen Freistätten der Avantgarde. Wieweit sie es gegenwärtig sind, wird erst eine Rückschau aus größerer historischer Distanz erweisen können. Das Etikett des Progressiven oder Revolutionären, mit dem solche Kunstformen sich Aufmerksamkeit und Verbreitung sichern, beschreibt derzeit nichts mehr. Es weist inzwischen dieselbe Unverbindlichkeit auf, mit der sich auch die Kunst der 50er Jahre in die ästhetische Selbstgenügsamkeit flüchtete.

Nicht nur bezogen auf die Wahrnehmung von Kunstwerken gelten solche Muster, sie betreffen schließlich auch die Person des Künstlers.

Gegenwärtig sieht es so aus, als habe die Faszination an der Person die an seinem Werk überrundet. Der Macher, der Aktionist, der Künstler-Guru und Erste Interpret seiner selbst verbirgt den unterm egalitären Schein wirksamen Widerspruch zwischen Freiheitspostulat und Unterordnungszwang: er wird zum Projektionsidol für die unlebbaren Bedürfnisse nach Autonomie und Bedeutung. Nicht so sehr *was* er sagt, scheint wichtig, sondern daß er *gehört* wird, nicht so sehr was er tut, sondern daß es gesehen wird – mehr noch: je weniger sichtbar ist, desto erstaunlicher die Tatsache, daß es überall gezeigt wird, desto beachtlicher die Leistung, es unübersehbar gemacht zu haben.

Kurze Rede vom langen Schweigen

Sind die meisten Menschen ohnehin dazu verdammt, ihr Leben lang stumm zu sein, so ist es unter ihnen die Hälfte, deren vollkommenes Schweigen ein seit Jahrtausenden verordnetes Gebot ist – die Frauen.

Die privilegierte Kaste ist immer die redende.

Die Sklaven sind stumm.

Ihre Arbeit wird aufgesogen von denen, die das Sagen habe. Sie trägt keine Signatur, außer der, für die sie getan wurde. Die Namenlosen hinterlassen keine Spuren in der Geschichte. Ihre Existenz ist archaisch, vorzeitlich, weil Zeitabläufe ihres Tuns nicht überliefert werden. Sie finden ihr Ich nicht, wenn sie zurückschauen in die Vergangenheit. Ewig die Gleichen, scheinen sie sich nie zu verändern. Zeit ist nur, was sie an ihren Körpern wahrnehmen, sie ahnen etwas von ihr, wenn sie ihnen entschwindet.

Das ist die Situation aller Unterdrückten.

Am Weiblichen werden die Exempel solcher Unterdrückung schon in seiner Definition statuiert, an ihm wurden alle Versionen der Niederhaltung exekutiert – das Weibliche als Begriff ist geronnen zur Allegorie menschlicher Unfreiheit schlechthin. Ihre wohl folgenschwerste Konsequenz ist die Sprachlosigkeit. Für die Kunst bedeutet das, daß nicht die Frau selber sich darstellt, sondern daß sie gezeigt wird, wie der Mann, der Künstler, sie sieht. Der Mann, dem der Begriff der kreativen Person, des Genies, des Schöpfers zugeordnet ist, teilt in Bildern vom Menschen mit, wie er beide Geschlechter sieht. Er zeigt einen Spiegel der Gesellschaft, indem er die Geschlechterrollen so abbildet, wie diese sie verordnet hat. Solche Abbildung bestätigt die Rolle der Frau als Objekt von Darstellung oder Reflexion, während sie gleichzeitig den Mann als Dialogpartner von Männern ausweist.

Die Rede in der Kunst geht von Mann zu Mann.

Auch als Betrachterin ist die Frau nicht vorgesehen – nicht an sie richtet sich die Botschaft: die Bilder reden über sie. Die Frau ist stumme Folie in der Bilderwelt, vor der die Umrisse des Mannes deutlich werden. Das Erlebnis der Kunstbetrachtung im Sinn einer Gegenrede des Betrachters, also einer aktiven Teilnahme desjenigen, der sein Bild in diesem Spiegel wiederfindet, um sich selber zu reflektieren, ist für Frauen nicht möglich. Sie sind davon ausgeschlossen und haben an der Betrachtung nur insoweit teil, als sie der Rede der Männer bewundernd lauschen und in dieser Rede erfahren, daß (und in welcher Weise) zuweilen über sie gesprochen wird.

Die Frau als Kunstbetrachterin ist während des aktiven Vorgangs des Anschauens immer zugleich die Ausgestellte selber, Objekt der Betrachtung – und zwar das sexuell determinierte. Anders der Mann, der als Betrachter Subjekt und Gegenstand eines Erkenntnisprozesses ist.

Da die Frau keine reale, sondern eher eine allegorische Figur ist, die – mythologischen Tieren ähnlich – einen durch ihren Körper chiffrierten Sinn trägt, eine Vokabel bildet in der Rede unter Männern, ist ihr solche Erkenntnis versagt und damit das, was sich im weitesten Sinn mit dem Begriff Kunstgenuß verbinden läßt.

So ist beispielsweise nicht weibliche Erotik Thema erotischer Kunst, sondern der Gebrauch, den Männer zwecks Entfaltung *ihrer* Erotik vom weiblichen Körper machen, zu dem sie ihn herrichten. Balzac beschreibt amüsiert, wie er einmal mit einem Straßenmädchen in den Louvre ging und sie sich errötend die Hände vors Gesicht schlug, geniert und beschämt wegen der vielen weiblichen Nacktheit. Balzac fand das ganz besonders komisch, weil sie schließlich keine anständige Frau war und die Erotik gewissermaßen zu ihrem Geschäft gehörte. Aber Balzac verkannte die Situation – seine Begleiterin trieb ja nicht etwa Handel mit *ihrer* Erotik. Was sie anbot war ebensowenig ihr Besitz, wie die Blumen Besitz des Gartenarbeiters sind, die er auf dem Grundstück seines Dienstherren züchtet. Die dargestellte Nacktheit auf den Bildern im Louvre meinte nicht die weibliche, sondern die männliche Erotik, nicht für Frauen war sie gemalt, sondern für Männer.

Daß Frauen »auch« gemeint sein könnten, wenn von Kunst und Kunstbetrachtern die Rede ist, stellt sich immer wieder, sei es bei der Lektüre von Katalogvorworten oder anderen Auslegungen der Kunst, als Irrtum heraus. Eine scharfsinnige Analyse des Manet'schen Nana-Bildes beschreibt dieses als ein kokettes Dreiecksverhältnis zwischen der Frau vor dem Spiegel, ihrem nur halb sichtbaren Liebhaber und *dem* Betrachter, der, so gesehen, schwerlich eine Frau sein kann.

Frühstück im Grünen

*Ist sie stark, so muß sie schwach erscheinen; ist
sie intelligent, so muß sie etwas weniger intelligent
erscheinen als der Mann, an den sie sich wendet; hat
sie Wünsche, so muß sie sie verstecken; hat sie keine,
so muß sie welche vortäuschen; ein eigener Wille wird
nur dann bei ihr geduldet, wenn er als Laune durchgeht.
Sie muß Mann sein in ihrer Kultur (denn die einzige
Kultur, die es jetzt gibt, ist eine männliche Kultur)
und sich mit dem Mann identifizieren, um die Texte zu
verstehen, die sie liest, aber sie muß Frau sein in
ihrem Leben, und nicht Frau, wie sie es selbst meint,
sondern die Frau, wie die männliche Kultur sie geschaffen
hat und deren Abbild sie reflektiert.*

Claudine Herrmann

Bei der Beschäftigung mit Schopenhauer war mir störend aufgefal-
len, daß er nur an den Mann dachte, wenn er vom Menschen sprach
– ich glaubte aber, mich einbeziehen und die Probleme, die er erör-
terte, auch als meine erkennen zu können. Ich verhielt mich als
Gast, nicht wirklich zu Hause in diesem Text, doch den Gepflogen-
heiten angepaßt, die in seinem Buch herrschten. Ich war ganz Kopf
und ganz Neutrum, während ich las.
Jetzt, bei neuerlicher Lektüre, traute ich meinen Augen nicht. Hatte
ich etwas falsch verstanden?
Da wurde behauptet, das männliche Geschlecht sei durch das Übergewicht seiner Körper- und Geisteskräfte von Natur im Besitz aller
irdischen Güter, da wurden orientalische Verhältnisse gelobt, der
lebenslängliche Hausarrest für die Frau, da wurde das Weib, wie
Herr S. zu sagen beliebte, zum Knalleffekt der Natur, mit dem sie
den Mann zur Zeugung von Nachwuchs verlockt. Hierfür zu sorgen sei ihre einzige Aufgabe.
Ich gehörte zu derjenigen Hälfte der Menschheit, die wie Haustiere
zu nichts anderem geschaffen war als zur bequemsten Nutzung
durch die andere, die männliche Hälfte. Zuvor war ich während des
Lesens ganz Kopf gewesen, jetzt war ich Körper, Fleisch geworden.

Weib bist du, Weib, sagte dieser Körper. Und es tat weh, als er es sagte.

Die Wirklichkeit meines Geschlechts war mir von ihm, dem Philosophen, gebeutelt und geohrfeigt worden.

Ich hielt inne und legte das Buch vor mich hin.

Dort, auf dem Zeichentisch waren viele Notizen hingekritzelt, angefangene Entwürfe lagen da, daneben Bücher mit Titeln wie »Die Malerei der Gegenwart« oder »Kunst im Bild der Jahrtausende« oder »Genius der Jugend«, »Der Denker«, »Vollender und Verwandler«.

Die Notizen betrafen die Bücher, in denen die Kunst und »Das Denken des abendländischen Menschen« abgehandelt wurden. Rodins Denker blickte, das Kinn auf die Faust gedrückt, von einem Buchumschlag vor sich hin.

Der Denker.

Das Denken und die Kunst des Abendlandes wahrten die Dimension von Geschichte, die in den Büchern über Jahrtausende hinweg bis zu mir, auf diesen Arbeitstisch, reichte. Jemand hatte eben einen Schleier darüber gelegt, so daß sie nur noch verschwommen zu sehen waren, und auf dem Schleier stand mit knallroter Schrift geschrieben: »für Frauen verboten«. Ich konnte die Titel nicht mehr lesen.

Meine Notizen verwandelten sich. Die Gedanken, die sie veranlaßt hatten und die bisher unter den Kritzeleien noch aufgeschimmert hatten – wahrnehmbar nur für mich –, waren daraus verschwunden. Übrig blieb banales Gestammel. Meine Entwürfe, für die ich mir Seide oder Leinen vorgestellt hatte, die hätten hinausreichen sollen aus diesem Zimmer, weg von diesem Arbeitstisch, um auf eleganten Kleidern zu prangen, wurden zu schmutzigem Papier, zu geschmäcklerischen Versuchen, zu bemühten, überflüssigen Schularbeiten. Die Utopie war verschwunden aus allem, was mich umgab. Die Utopie, das war die Welt gewesen, in der hätte wirksam werden sollen, was ich machte.

Was war ich denn?

Ich, Weib, durfte nicht denken. Von meinem Geist war nicht die Rede gewesen, wo es um den menschlichen Geist ging, von meiner Freiheit nicht, von meinen Schmerzen nicht. Mit Soldatenstiefeln sah ich Philosophen über die Erde marschieren und alles Weibliche mit Fußtritten davonjagen, ich hörte sie sagen: das alles gehört uns, *uns*, den Männern, ihr Weiber habt kein Heimatrecht auf dieser Welt.

Ich dachte »sie«, denn ich ahnte, daß Herr Schopenhauer sich mit seinen Ansichten nicht exponierte. Die Selbstsicherheit, mit der er sprach, legte die Vermutung nahe, daß er sich einig wußte mit Glaubensbrüdern, daß Erklärungen nicht nötig und Begründungen nicht erforderlich waren, daß das Thema nicht weiter vertieft zu werden brauchte, weil ohnehin allen klar war, daß es so war, zu Recht so war und so zu bleiben hatte:

Was ein Weib ist, weiß doch jeder. Sich länger darüber zu verbreiten steht einem verliebten Gockel an und hört von selbst auf, wenn der Knalleffekt Natur im Weib nicht mehr wirksam ist. Ein Philosoph hält sich nicht mit Nebensächlichkeiten auf – er ist auf der Suche nach der Wahrheit.

Mit dem Verschwinden der Utopie, die »Welt« in mein Zimmer und in meinen Kopf gelassen hatte, war alles klein, lächerlich, ärmlich geworden.

Alle Dinge und alle Gedanken waren nur noch bei mir selbst. Nichts wies mehr über mich hinaus, in Allgemeines.

Wer war ich denn?

Eine Studentin der angewandten Kunst, knapp über 20 Jahre, mit einer kleinen individuellen Geschichte, einem engen ärmlichen Zimmer, einem lächerlich niedrigen Stipendium. Das einzige, was mein Leben überhaupt erträglich gemacht hatte, war der Zugriff auf die Welt mit Hilfe meines Kopfs gewesen. Jetzt war mein Engagement für die Dinge, mit denen ich mich umgeben hatte, zu einer nichtswürdigen Spielerei geworden.

Ich redete mir gut zu. Schopenhauer ist lange tot, sagte ich mir, wer liest das denn noch, wer glaubt das denn noch? Die Frauen sind gleichberechtigt. Sie können gehen, wohin sie wollen, sie sind wahlberechtigt, sie können studieren, was sie wollen, lesen, was sie wollen, denken, was sie wollen. Sie sind frei und unabhängig. Sie können heiraten, wen sie wollen, sie können sich von ihren Ehemännern trennen oder Liebesbeziehungen haben, ohne verheiratet zu sein, sie werden dafür weder geächtet noch gesteinigt.

Ich ging hinaus in den Abend. Es war warm, Frühling. In den Parks spazierten Liebespaare, die Türen der Kneipen und Restaurants standen offen. Männer tranken ihr Bier an den Theken, ihr dröhnendes Gelächter schallte auf die Straße.

Ich fühlte mich schlecht in meinem billigen Kleid. Mit einem Mann an meiner Seite wäre ich sicherer gewesen, hätte mich auch an eine Theke stellen und etwas trinken können. Ich dachte daran, daß ich zumindest schick angezogen sein müßte, weil ich mich durch Eleganz geschützt glaubte.

Das Gelächter aus den Kneipen traf mich.

Lachten sie über mich?

Plötzlich fühlte ich mich sehr allein.

Ich schaute mich um: Liebespaare, Gruppen von Männern oder Männern und Frauen, drei junge Mädchen, untergehakt, und vereinzelt ein Mann, mit einer Zeitung unterm Arm oder einer Aktentasche, nirgendwo entdeckte ich eine Frau, die allein spazierenging. Dieser schöne, warme, heitere Frühlingsabend, war er nicht auch für mich da?

Alleinsein ist nicht immer ein Vergnügen. Jetzt fühlte ich mich dafür obendrein bestraft. Dieses Alleinsein war – ohne die Utopie im Hintergrund – wie eine Verfehlung.

Eben noch hatte ich mir gut zugeredet und mir gesagt, Frauen könnten gehen, wohin sie wollten. Gewiß, man holt nicht die Polizei, wenn man sie ohne männliche Begleitung antrifft. Sie werden nicht arretiert, sobald sie das Haus verlassen. Aber sie setzen sich quälenden Gefühlen aus. Eine Frau allein, abends, ist sie nicht dazu da, von einem Mann angesprochen zu werden? Geht sie nicht nur deshalb auf die Straße? Hat sie denn irgendeinen anderen Grund, spazierenzugehen?

An einer Gruppe von Männern vorbeigehen heißt, sich innerlich auf Abwehr programmieren, auf Beleidigungen gefaßt sein und sie wie nicht gehört, kommentarlos, wehrlos über sich ergehen lassen. Auch wenn man ungeschoren bleibt, schafft der Zwang, sich gegen die jeden Augenblick mögliche Kränkung wappnen zu müssen, eine Spannung, die das Vergnügen des Spaziergangs mindert.

Schöne Kleider und ein Mann – das sind die Ziele der Frauen, etwas anderes wollen sie nicht. Hatte ich dergleichen nicht eben bei Schopenhauer gelesen?

Tagsüber gehen Frauen allein auf die Straße. Sie tragen Einkaufstaschen, gehen zur Arbeit oder schieben Kinderwagen. Ist die Arbeit, die sie auf die Straße führt, die einzige Rechtfertigung für Frauen, sich dort zu zeigen?

»Das weibliche Geschlecht verlangt von dem männlichen Alles, nämlich alles, was es wünscht und braucht: das männliche verlangt von dem weiblichen zunächst und unmittelbar nur eines. Daher muß die Einrichtung getroffen werden, daß das männliche Geschlecht vom weiblichen jenes Eine nur verlangen kann gegen Übernahme der Sorge für Alles und zudem für die aus der Verbindung entspringenden Kinder: auf dieser Einrichtung beruht die Wohlfahrt des ganzen weiblichen Geschlechts... [Es] steht... als Ganzes dem gesamten männlichen Geschlechte, welches durch das Übergewicht seiner Körper- und Geisteskräfte von Natur im Besitz aller irdischen Güter ist, als dem gemeinsamen Feind gegenüber, der besiegt und erobert werden muß, um mittelst seines Besitzes in den Besitz der irdischen Güter zu gelangen.« (Schopenhauer)[4]

»Besiegt«, »erobert«, »gemeinsamer Feind«.

In der Tat, wenn die eine Seite alles besitzt und die andere nichts, bleibt letzterer fürs Überleben kaum anderes übrig, als den Feind zu »besiegen«. Schopenhauers Scharfsinn war entgangen, daß im Gegenteil die Männer von den Frauen »alles, was sie wünschen und brauchen«, verlangen und bekommen – das Leben unter anderem – und daß sie den Frauen keineswegs »alles, was dieses Geschlecht wünscht und braucht« geben, sondern nur, was ihnen ihrer Meinung nach zusteht. Um einen recht absurden Sieg handelt es sich hier. Welcher Eroberer oder Sieger begnügt sich mit der Gewähr für das unmittelbare Existenzminimum?

Ich ging durch die Straßen, das Gelächter aus den Kneipen im Ohr, meine verschwundene Utopie betrauernd, einen Begleiter neben mir, ein schönes Kleid wünschend:

»Die Weiber... sehn immer nur das Nächste, kleben an der Gegenwart, nehmen den Schein der Dinge für die Sache und ziehn Kleinigkeiten den wichtigsten Angelegenheiten vor. Die Vernunft nämlich ist es, vermöge deren der Mensch nicht, wie das Tier, bloß in der Gegenwart lebt, sondern Vergangenheit und Zukunft übersieht... Das Weib... infolge seiner schwächeren Vernunft [ist]... ein geistiger Myops... [hat]... einen engen Gesichtskreis... daher... alles Abwesende, Vergangene, Künftige viel schwächer auf die Weiber wirkt... Darum liegt es in der Weiber Natur, Alles nur als Mittel, den Mann zu gewinnen, anzusehen und ihr Anteil an irgendeinem anderen ist immer nur ein simulierter, ...läuft auf Koketterie und Äfferei hinaus.« (Schopenhauer)[5]

Mehr »Welt«, die ich mir in meinem Zimmer erträumt hatte und die dort unter dem Verbot zusammengebrochen war, die ich dann auf der Straße gesucht hatte mehr Welt, mein Anteil daran sollte nur ein simulierter sein?

Schopenhauer meinte wohl, weiblicher Anspruch auf Teilhabe an den Gütern dieser Welt sei nur ein simulierter, denn tatsächlich hatte ich *keinen* Anteil, ich hatte nicht teil an ihnen.

Ich stand vor dem Schaufenster einer Buchhandlung und betrachtete zerstreut die großen Kunstbände: »Die Hethiter« mit der Ab-

9   Adélaide Labille-Guiard: Porträt Mme Adélaide. *Phoenix Art Museum.*

10 Elisabeth Vigée-Lebrun (1755 Paris – 1842 Louveciennes):
Porträt des Malers Hubert Robert. *Paris, Musée du Louvre.*

11   Angelica Kauffmann (1741 Chur – 1807 Rom):
Porträt der Herzogin von Meerveldt. *Wien, Österreichische Galerie.*

12   Marie Guilhelmine Benoist (1768 Paris – 1826 Paris): Porträt einer Negerin.
Paris, Musée du Louvre.

13　Constance Marie Charpentier (1767 Paris – 1849 Paris):
Mademoiselle Charlotte du Val d'Ognes.

14   Elisabeth Vigée-Lebrun: Dame, einen Brief faltend.
Toledo, Ohio, Museum of Art.

Eva Gonzalès (1849 Paris – 1883 Paris): Erwachendes Mädchen.
Kunsthalle Bremen.

16 Berthe Morisot (1841 Borges – 1895 Paris): Die Schwester der Künstlerin, Mme Pontillon, im Gras sitzend. *Cleveland Museum of Art.*

17 Suzanne Valadon (1865 Bessines bei Limoges – 1938 Paris): Der Circus. *Cleveland Museum of Art.*

bildung eines Reliefs von Kriegern oder »Die Etrusker« mit dem Kopf eines lockigen, bärtigen Mannes, einer Keramik, oder »Fürsten, Krieger, Mönche – das europäische Mittelalter«, auf dem Umschlag ein weißbärtiger Mann in violettem Gewand, Prophet aus einer illuminierten Handschrift. Ich sah den delphischen Wagenlenker auf einem anderen Buch und ein weiteres mit Rembrandts Anatomie: Männer in schwarzen Talaren neben der aus dem Bild fast herausragenden, verkürzten Leiche. Auf einer Prachtausgabe über den Impressionismus prangte das »Frühstück im Grünen« von Manet mit einer nackten Frau zwischen zwei schwarzgekleideten Herren.

»Die Männer«, im Besitz aller irdischen Güter, »wollen von den Weibern zunächst und unmittelbar nur eines.«

Die nackte Frau, die hat mitessen dürfen bei Manets Frühstück, hatte sie »von dem männlichen Geschlechte Alles verlangt, nämlich alles, was sie wünschte und brauchte«? Sie schien »zunächst und unmittelbar nur jenes Eine« zu versprechen, das die Männer von den Weibern wollen, hatte es vielleicht schon geboten – (beiden Männern? gleichzeitig? nacheinander?), und selber besaß sie offenbar nichts als ihr weibliches Fleisch. So wie auch ich nichts anderes als dieses besaß.

Auf meinem Rückweg überlegte ich, ob die Männer in den Kneipen Schopenhauer widersprechen würden, wenn man ihnen aus seinem Text vorläse, und ich war überzeugt, daß sie ihm begeistert zustimmen würden und aufs neue Grund zu dröhnendem Gelächter hätten.

Sie verachten uns.

Sie hassen uns.

Weshalb?

Wußten die Frauen, die da Arm in Arm mit ihren Freunden promenierten, daß Männer Frauen hassen und verachten?

Wird dieser Haß denn nicht bemerkt?

Stört er überhaupt niemanden?

Ich suchte im Nachwort zu meinem Schopenhauer-Text eine Stellungnahme des Herausgebers, fand aber nur allgemeine Bemerkungen über die Entstehungsgeschichte. Ein Detail allerdings machte mich stutzig.

Schopenhauers Daseinsmotiv, sagte der Kommentar, sei von »Einsamkeit, Schweigen und Menschenverachtung gebildet« gewesen. Er habe Sentenzen und Sprüche gesammelt wie z. B. diese: »Auf der

Welt gibt es nur Pöbel« – »Was dein Feind nicht wissen soll, das sage deinem Freunde nicht« – »Sei nüchtern und vergiß das Mißtrauen nicht«. Kein Wort über Schopenhauers Frauenhaß. Misogyne Sprüche zählten nach Meinung des Herausgebers offenbar nicht zu den menschenverachtenden, betrafen sie doch nur die Frauen. Der Herausgeber erklärte dann, Schopenhauer stehe

»seinem Leser gleichsam persönlich gegenüber. Er spricht von den unmittelbaren Anliegen eines jeden, von der Kunst, das Leben möglichst angenehm und glücklich durchzuführen, er weist den Weg zur Meisterung der täglichen Aufgaben und den Weg zur inneren Ruhe.«[6]

Glück für wen?
Ruhe für wen? Wessen Anliegen?
Der erste Anstoß, den ich an der Art und Weise nehmen mußte, wie »das Denken des abendländischen Menschen« die Relationen der Geschlechter betrachtete, wie es die Frauen abhandelte, wurde (ausgelöst durch Schopenhauer) im Verlauf weiterer Lese- und Betrachtungserlebnisse ständig bestätigt. Überall fand ich nun Parallelstellen. Sogar Byron, dessen Gedichte ich liebte, stellte sich ein verblüffendes Zeugnis aus:

»Dachte gerade an den Status der Frau bei den alten Griechen – recht passend. Gegenwärtiger Stand, ein Überbleibsel der Barbarei von Ritterlichkeit und Feudalzeitalter – künstlich und unnatürlich. Sie sollten sich um das Haus kümmern – und gut genährt und gekleidet – nicht aber in Gesellschaft zugelassen sein. Gut erzogen, ja, was Religion betrifft – doch sollten sie weder Gedichte noch politische Sachen lesen: nur Erbauungs- und Kochbücher. Musik – Zeichnen – Tanz, auch ein wenig Gartenarbeit und Pflügen ab und zu. Ich habe gesehen, wie Frauen in Epirus mit Erfolg Straßen ausbesserten. Warum eigentlich nicht, ebenso wie Heumachen und Melken?«[7]

Schürzenjagdszenen

Das System war vollkommen. Es war absolut dicht.

Mein Bedürfnis, die Welt durch die verschiedenen Gebilde der Kunst und Philosophie zu betrachten, konnte ich nicht mehr befriedigen. Ich konnte nicht mehr lesen und nichts mehr anschauen.

Manchmal spürte ich eine vollkommene Lebensunlust. Ich hatte das Gefühl, vor meinem Denken sei ein eiserner Vorhang heruntergelassen, die Türen des Geistes, durch die ich in die Freiheit wollte, waren mir mit lautem Krach vor der Nase zugeschlagen worden.

Es war mir nicht mehr möglich, auf mich, den weiblichen Menschen, durch die Brille zu schauen, mit der die Männer den Mann – noch weniger, mit der sie die Frau betrachteten.

Mich selber als Menschen schlechthin, d. h. als ein Neutrum männlichen Geschlechts anzusehen, mißglückte ständig, weil ich damit zugleich meine Weiblichkeit verachten mußte, da

»... diejenige, die sich Kenntnisse aneignen will, dazu gezwungen [ist], in sich einen ›kleinen Mann‹ heranzuziehen, der sie völlig ihre Herkunft vergessen lassen muß, wenn sie verstehen will, was sie liest, oder was sie sieht, denn sonst müßte sie jeden Augenblick innehalten, um die Seltsamkeiten zu untersuchen, denen sie begegnet.«[8]

Weshalb legen die Männer soviel Wert darauf, Frauen fernzuhalten von der Welt, in der sie sich bewegen? Aus welchem Grund bereitet es ihnen Befriedigung, Religionen, Gesetze und Systeme zu erfinden und zu etablieren, mit deren Hilfe sie ihren Haß gegenüber Frauen wirksam werden lassen können?

»Ich hatte ein Gesicht, eine Gestalt gezeichnet. Es war das Gesicht und die Gestalt von Professor X, wie er gerade sein Monumentalwerk mit dem Titel ›Die geistige, moralische und physische Unterlegenheit des weiblichen Geschlechts‹ schreibt. Er war in meiner Darstellung kein Mann, der auf Frauen anziehend wirkt... [er] war in meiner schnell hingeworfenen Zeichnung sehr zornig und sehr häßlich geraten... [der] eine Satz, der den Dämon heraufbeschworen hatte... war die Feststellung des Professors über die geistige, moralische und physische Unterlegenheit der Frauen... Ich war rot geworden vor Zorn... Man läßt sich nicht gerne sagen, daß man einem kleinen Mann... der kurzatmig ist, einen zementierten Schlips trägt und sich seit 14 Tagen nicht rasiert hat, naturgemäß unterlegen ist... Wie war der Zorn des Professors zu erklären? Warum waren sie wütend?« (Virginia Woolf)[9]

Weshalb der Haß, die Verachtung?

Bereitet ihnen das Genuß?

Es sieht so aus. Dabei behaupten sie doch, uns zu lieben, uns anzubeten, uns zu verehren. Aber die Liebe zu Frauen scheint ihnen nur dann wirklich zu schmecken, wenn sie den Gegenstand ihrer Anbetung schmähen. Was ist es, das ihnen daran Vergnügen macht? Sexualangst?

Angst, impotent zu sein?

Ein wirklicher Mann spricht von Frauen nur mit Verachtung, würzt seine Huldigung mit Hohn. Gerade Männer, die sich etwas darauf zugute halten, hinter Frauen her zu sein, die Schürzenjäger, Casanovas und Don Giovannis, die Aufreißer und Anmacher, prahlen mit ihrer Frauenverachtung. Merkwürdige Vokabeln werden da benutzt. Die gegenwärtig üblichen entstammen dem Bereich der Mechanik oder beschreiben den Umgang mit totem Material: aufreißen, perforieren; die altmodischeren haben mit Krieg zu tun: erobern, belagern, erstürmen, besiegen.

Auch in anderen Zusammenhängen möchten Männer gern Sieger sein: bei Bergbesteigungen, beim Kampf gegen die Natur, beim Kampf im ›feindlichen Leben‹ – aber verachten sie den Berg, die See, die Natur? Von solchen Gegnern sprechen sie mit größtem Respekt. Schließlich ist es keine Heldentat, einen lächerlichen Hügel bestiegen zu haben – er muß schon groß, mächtig und gefährlich sein. Nur beim Sieg über Frauen finden sie es vergnüglich, über ein Huhn, eine Ziege, eine dumme Kuh hergefallen zu sein.

Was regst du dich so auf über Schopenhauer, Nietzsche und Freud – sagten meine Freunde. Sie haben wie alle Menschen nur beschränkte Möglichkeiten der Erkenntnis gehabt, waren in psychische Konflikte verstrickt. Ihre Misogynie ist doch nicht ernst zu nehmen. Ihre Qualitäten und ihre Klugheit erweisen sich in anderen Zusammenhängen. Du darfst das nicht so absolut sehen – jeder Mensch ist in seine Zeit und seine persönliche Geschichte eingebunden.

Klug! Klug für wen?

Würdet ihr auch nur eine Zeile von ihnen lesen, wenn sie über Männer so pauschal, so brutal, so dumm und oberflächlich dahergeredet hätten?

Wären sie nur im Zusammenhang mit Frauen klug gewesen – gäbe es diese Bücher dann überhaupt noch?

Würde je ein Mann sie zitieren?

Was ist klug?

Hätten sie in anderen Bereichen die Relationen von Ursache und Wirkung so wenig durchschaut – wer würde sich für ihre Gedanken interessieren, wer sie für klug halten?

Hätten sie die gesellschaftlichen Belange und Bedingungen im Leben der Mann-Menschen so grobschlächtig gesehen – als die geistigen Myopen, die sie im Hinblick auf Frauen sind –, wer redete noch von ihnen?

Wie können sie eigentlich Mensch sagen, wo sie doch nur Mann meinen? Welche Anmaßung, über das Leben zu sprechen, ohne das weibliche zu verstehen.

Nicht nur wurden diejenigen Eigenschaften, die ich mit allen Menschen, also auch mit Männern gemeinsam habe, zum alleinigen Besitz des einen (männlichen) Geschlechts erklärt und mir damit abgesprochen, die anderen, die ich als Frau ihnen voraus habe, wurden zu einem Makel, der nur wegen seiner Nützlichkeit, seiner Benutzbarkeit für Männer als entschuldigt oder gerechtfertigt galt. Nicht mir gehörte meine Weiblichkeit, sondern Männern, sofern sie ihnen nutzte – wo nicht, war sie eine Verfehlung, für die sie sich das Recht zur Bestrafung anmaßten.

Nicht daß ich Herrn Schopenhauer oder seinen Gesinnungsgenossen recht gegeben hätte. Ihnen recht geben war aber immer noch leichter (auch für eine Frau), selbst ein schlechter Platz innerhalb der Denkgewohnheiten und Konventionen eher zu ertragen als der totale Widerspruch, das völlige Nicht-Sein, die geistige Emigration, in die mein Nein mich zwang. Die Erkenntnis, daß sie über die Hälfte der Menschheit die Unwahrheit sagten, erfüllte mich daher mit Ohnmacht und Einsamkeit.

Nicht obwohl, sondern weil ich wußte, daß sie unrecht hatten – ein Unrecht, in dem sie sich einig waren –, mußte ich mich durch ihre Philosophie aus der Welt vertrieben fühlen.

In der Welt, wie sie sie beschrieben, hatte so jemand wie ich keinen Platz, kam nicht vor und war nicht vorgesehen. Und umgekehrt war das, was ich dachte und suchte, nicht vorgesehen und nicht gespiegelt in dieser Weltbeschreibung. Keine Bestätigung und kein Echo konnten meine Gedanken finden. Keine Geschichte, keine Tradition, in der ich mich hätte aufgehoben und zu Hause fühlen können. Weiblichkeit war wie ein Stigma, das mich hinauswies aus den Bezirken der Kultur, in die ich doch gerade eindringen wollte, auf der Suche nach mir selbst und auf der Suche nach einer Möglichkeit, ›in der Welt‹ zu sein. Wenn das, was Geistesgeschichte und Philosophie beschreiben, nur für die Hälfte der Menschheit gültig ist und die andere Hälfte, die Frauen, nicht einbezieht, handelt es sich dabei um eine grandiose Halbwahrheit, die daher auch nur sehr begrenzt dazu taugt, Zutreffendes über die eine Hälfte, die männliche, auszusagen.

»...die ›männlichen Ausformungen‹ [sind] den Urteilen, den theoretischen und praktischen Denkstrukturen bereits inhärent und also die Begriffswelten gerade dort, wo sie dem Objektivitätsideal am nächsten zu sein scheinen, schon einschlägig präformiert...«
»[das] kulturpäpstliche Dekret: ›ich kenne keine Geschlechter mehr, nur noch Menschen‹, dessen versöhnlicher Schein weitaus gefährlicher ist als die offene Misogynie... hebt..., die männlichen Wesensäußerungen... in die Sphäre einer überspezifischen Gültigkeit« (Silvia Bovenschen[10])

Ich erkannte, daß falsche ›Wahrheiten‹ Fakten schaffen, und ahnte, daß sie unwiderlegbar waren, diese Herren, weil die gesamte Kultur, mit der sie umgingen, durchtränkt war von der falschen Vorstellung vom Menschen.
Wollte man sie widerlegen, müßte eine gänzlich andere Geschichte geschrieben werden, mit gänzlich anderem Material, mit einer ganz anderen Sprache – die erst noch erfunden werden mußte, die es nirgendwo gab und für deren Entstehung es vielleicht Jahrhunderte bedurfte.
In der Kultur, die mich umgab und in der ich leben mußte, war ich in der Tat stumm und konnte in der Tat nicht denken. Die eisernen Vorhänge und die zugeschlagenen Türen ließen wirklich keinen Ausblick.

Ich fragte mich, ob dem Verdammungsurteil gegenüber Frauen nie jemand widersprochen habe.
Hatten nicht wenigstens einige Frauen etwas darauf entgegnet? Waren alle während der gesamten Geschichte der Menschheit stumm geblieben? Was war mit den Freundinnen der ›großen Männer‹?
Hat ihnen die merkwürdige Einschätzung ihres Geschlechts keine Schwierigkeiten bereitet? Haben sie die ungeheuerlichen Behauptungen der Männer geglaubt? Oder meinten sie, das seien liebenswürdige Schwächen? Dachten sie etwa, nur sie, *sie* allein seien von dem Verdikt gegen ihr Geschlecht ausgenommen?
Ich begann nach den Antworten der Frauen zu suchen.

Namen und Ausnahmen

Wenn ich herausfinden wollte, was Frauen gesagt hatten, dann mußte es bewahrt worden sein, irgendwo aufgehoben, materialisiert, in irgendeine Form eingeschlossen, aufgeschrieben, aufgemalt.

Daß es Literatur von Frauen gab, wußte ich.

Wie weit war sie zurückverfolgbar, nur wenige Jahrzehnte oder über Jahrhunderte hinweg?

Die Suche war ermüdend, wenig fand ich und das Wenige befriedigte mich kaum. Einige Gedichte begann ich zu lieben, Droste-Hülshoff, Else Lasker-Schüler, Ingeborg Bachmann.

Einsame Gedichte waren das, in mehrerlei Hinsicht. Sie waren so wenige unter den vielen von Männern, ältere als die von der Droste fand ich damals nicht – noch gab es keinen Frauen-Buchmarkt, Anfang der 60er Jahre.

Einige Zeilen bei Annette von Droste-Hülshoff ließen mich später vermuten, daß der Protest verschlüsselt und auf andere Art geäußert worden sein mochte als durch direkte Attacken gegen das System.

Die Einsamkeit der Gedichte tat weh – die der Ingeborg Bachmann so, daß ich sie nicht oft lesen konnte.

Die wenigen Gedichte der Frauen waren, so empfand ich es, an ihre Person gefesselt, sie waren nicht im Schutz einer allgemeinen Tradition aufgehoben, blieben bei sich selbst.

Ließen sie mich zu?

Sie redeten mit abgewandtem Gesicht, woandershin.

Oft verstand ich sie nicht.

Sie waren Ausnahmen, die Frauen, Ausnahmen unter den Dichtern. Sie waren gesondert, abgesondert, etwas Besonderes, gehörten nicht zur Regel. Die Regel war, daß Männer Gedichte schrieben, daß überhaupt Geschriebenes von Männern stammte. Die wenigen Dichterinnen änderten nichts an dieser Regel, sie bestätigten sie.

Unter Malern nach Frauen zu suchen, auf diese Idee kam ich nicht. Ich war überzeugt, daß es niemals Malerinnen von Rang gegeben hatte. Während meines Studiums hatte ich in den Vorlesungen über Kunstgeschichte nie etwas von Frauen gehört. Nicht einen einzigen Namen.

Die Abwesenheit von Frauennamen vermittelte die Überzeugung, daß Frauen lediglich für künstlerische Gestaltung von Gebrauchsgegenständen begabt seien. Es ist sozusagen die Fortsetzung der Hausarbeit mit anderen Mitteln, wenn eine Frau den Topf bemalt, den sie später abwäscht, wenn sie das Muster aufzeichnet, bevor sie einen Stoff bestickt. Sie belegt ja auch die Torte, verziert sie mit Schokoladencreme, ordnet die Tischdekoration. Eigentlich ist es kein weiter Schritt vom Besticken einer Tischdecke zum Besticken eines Wandbehangs, der dann als Bild einen Raum bestimmt – und doch ist er groß; es bedarf einer gewissen Überzeugtheit von der eigenen Wichtigkeit, statt eines dekorativen Tischschmucks einen Wandschmuck zu machen. Der Wandbehang wahrt gerade noch die Grenze zwischen weiblicher und männlicher Domäne.

Die üblichen Spötteleien über die Kunstgewerblerin zielen meist unter die Gürtellinie, mit der offen oder versteckt geäußerten Behauptung, künstlerischer Ehrgeiz bei Frauen entstehe durch unausgelebte Sexualität. Das verächtliche Zerrbild von der alten Jungfer kommt da zum Vorschein. Nicht die Sache selber beschäftige oder interessiere sie, ihre Beweggründe hätten stets mit ihrer Weiblichkeit zu tun. (Bei Männern wird im gleichen Fall anders argumentiert. Hier spricht man von Sublimation.)

Jede Lebensäußerung von Frauen außerhalb der festgeschriebenen Rolle ist verdächtig: als »männlicher Protest«, als Ablehnung der Weiblichkeit und Imitation der Männer oder als nicht geglückte weibliche Entwicklung, als Defekt, angeborener körperlicher Makel. Frauen können, so die gängige Einschätzung, nur minderwertige monotone Arbeiten leisten, sie können nur repetitiv, nicht innovativ tätig sein, in der Kunst können sie nur kopieren oder dekorativ-ornamentales Kunsthandwerk machen. Wo je eine Frau es unternimmt, anderes und mehr zu wollen, wird sie scheitern. Ihr Bestreben ist ein Widerspruch gegen die weibliche Natur.

Gelingen ihr aber trotzdem beachtliche Kunstwerke, dann ist sie keine richtige Frau, sondern eigentlich ein Mann, der das Pech hat, in einem weiblichen Körper herumlaufen zu müssen. Statt das Vorurteil zu entkräften, dient ein solches Beispiel seiner Stabilisierung – das Primat des Männlichen kann auf diese Weise beibehalten werden. Jede Ideologie argumentiert so.

Selbst das Christentum verfährt ähnlich. Die Greuel, die in seinem Namen verübt wurden, fallen nicht auf die Kirche zurück, sie gelten vielmehr als Werke einzelner verirrter Menschen – hingegen absorbiert das System den Humanismus selbst seiner Gegner und schmückt sich ungeniert mit deren Verdiensten.

War die bildende Kunst also ein Bereich, zu dem Frauen nichts beigetragen hatten?

Und was war mit Käthe Kollwitz oder Paula Modersohn-Becker?

Der Name Käthe Kollwitz war mir seit langem bekannt, und ich hatte ab und zu irgendwo die Abbildung einer ihrer Lithographien gesehen, hungernde Kinder mit emporgereckten abgezehrten Ärmchen, schwangere Mütter mit vom Elend ausgemergelten Gesichtern. Käthe Kollwitz gehörte für mich – das mag unglaublich klingen – damals gar nicht zu den bildenden Künstlern. Sie war eine Ruferin in der Wüste, eine Kämpferin für Menschenrechte, eine Mahnerin, Anwältin der Erniedrigten und Beleidigten und stand – ich schäme mich fast, es zu gestehen – eher neben Bertha von Suttner als neben Beckmann, Grosz, Dix und anderen zeitgenössischen Künstlern.

Nicht nur meine Ignoranz war schuld an dieser Fehleinschätzung, sondern auch die Art und Weise, in der die Arbeit der Käthe Kollwitz präsentiert wurde, die einseitige Auswahl, die sie auf das Feld des menschlichen Engagements abschob und nicht zulassen wollte, daß sie ihrer wirklichen Qualität als Künstlerin entsprechend gewürdigt wurde.

Noch jetzt gibt es nicht genügend ernsthafte Analysen ihres Werks – verglichen etwa mit dem, was über Beckmann zu finden ist. Käthe Kollwitz wird, obschon eine der berühmtesten Künstlerinnen überhaupt, noch immer nicht angemessen dargestellt.

Paula Modersohn-Becker war für mich lange Zeit nur ein Name. Bilder von ihr sah ich zum ersten Mal in München bei einer Ausstellung, die die Fauves den Expressionisten gegenüberstellte, ein Unternehmen, das mir den Beweis zu erbringen schien für die unabweisliche Überlegenheit der französischen Zeitgenossen. Nur zwei deutsche Künstler, die dort gezeigt wurden, konnten es mit den Fauves aufnehmen: Beckmann und Modersohn-Becker.

Beckmanns Bilder kannte ich längst, und Abbildungen oder Bücher über ihn waren überall leicht zu bekommen.

Von Paula Modersohn-Beckers Malerei war ich tief beeindruckt. Die Stilleben mit den nach vorn stürzenden Falten, die Herbheit der Konturen, der skulpturhafte Farbauftrag; die ikonenähnlichen Bildnisse, Selbstporträts mit der Kühnheit, sich nackt, schwanger darzustellen, Mutter-und-Kind-Bilder ohne jede Sentimentalität, weit entfernt vom bekannten Schema der Madonnenbilder und doch den ältesten unter ihnen verwandt, den schwarzen Madonnen.

Sie war in ihrer Kunst vorangegangen, als in Deutschland noch der Wilhelminismus, dieses kompakte und staubige Überbleibsel, sich über die Jahrhundertwende hinweg gefiel in Siegesfeiern, Paraden, Rüschen, Fin-de-siècle-Sentiments. Kandinsky entwarf noch zauberbunte Märchenlinolschnitte. Der Blaue Reiter wurde erst zwei Jahre nach Paula Modersohn-Beckers Tod gegründet. Sie hatte vorweggenommen, was sich erst viel später entwickelte. Als ich ihren Bildern begegnete, war sie für mich zu sehr die Vereinzelte, Einsame, als daß ich angefangen hätte zu fragen, wie das denn nun sei mit den Frauen in der Kunst.

Noch wirkte auch die tendenziöse Auswahl ihrer Tagebucheintragungen nach, die die Aussage ihres Werkes auf erdverbundene Mütterlichkeit reduzieren wollte. Abbildungen, Bücher, Werkanalysen waren kaum zu finden.

Es gab ein kleines Skizzenbuch, in Zeitschriften verstreute Aufsätze, die mir nicht zugänglich waren.

Daß auch sie zu den Entarteten gehörte, wird verschwiegen, ihr Name fehlt, wenn die bekanntesten verfemten Künstler aufgezählt werden. Mißgönnt man ihr die Ehre, die besondere Wertschätzung, die die entarteten Künstler nach 1945 mit ihrer Rehabilitierung erfuhren?

Durch die Begegnung mit ihrer Malerei erfuhr ich immerhin, daß im 20. Jahrhundert die bildende Kunst nicht mehr ausschließliche Domäne von Männern war.

Jetzt fand ich auch Hinweise auf weitere Künstlerinnen: Gabriele Münter, Marianne von Werefkin, Clara Westhoff, Natalia Gontscharova. Viel war allerdings nicht zu sehen von der Arbeit dieser Frauen, hier und da eine Abbildung, ein vereinzeltes Bild, die Erwähnung in einem Nebensatz. Die Frauen wurden nicht zu Begriffen wie etwa Nolde, Feininger, Marc und andere. An ihrer Arbeit das Auge zu schulen, sie aufzunehmen in das Gesamtbild, das sich von der Kunst des 20. Jahrhunderts mehr oder weniger verschwommen in mir herstellte, war nicht möglich. Ihre Kunst blieb abseits von den großen Entwicklungsströmen, die sich an die Namen von Malern knüpften.

Aus der Kunst der Männer kristallisierte sich das Begriffsvokabular heraus, anhand dessen sich Assoziationen und Orientierungen im

Hinblick auf die Gegenwartskunst herstellen ließen. Um die Bilder, die ich jetzt sah, einzuschätzen, bediente ich mich derselben Schubladen-Ordnung, die – zumindest meiner Kenntnis nach – damals allgemein üblich war unter den Studenten und Lehrern, Kritikern und Kunstbetrachtern. Bilder erinnerten z. B. an Paul Klee, hatten etwas von Nolde oder Jawlensky, ließen sich mit Kandinsky oder de Chirico in Verbindung bringen – es gab da Cézannesches Licht, an Mondrian erinnernde Geometrie. An wenigen Namen machten sich die Einschätzungen ganzer Epochen fest, sie waren die Fixpunkte, sie bildeten die Wörter einer Sprache, die zu lernen ich eben erst begonnen hatte.

Namen von Frauen gab es nicht in dieser Sprache. Hinter dieser Tatsache verbarg sich die unausgesprochene Übereinkunft, daß wirklich Neues, Bahnbrechendes, Epochales von Frauen nie erfunden worden sei. Sie waren Mitläuferinnen, wenn sie überhaupt in Erscheinung traten. Und das geschah so selten, daß man getrost von ihnen absehen konnte. In den Vorlesungen über Kunstgeschichte kamen nicht einmal die Namen Modersohn-Becker oder Kollwitz vor. Die Kunst der Frauen bot keine Orientierungsposition.

War es also müßig, sich mit ihr zu beschäftigen?

Ausmusterung

Kein weibliches Vorbild bot mir eine Perspektive für mein künftiges Leben. Die Kunst gehörte den Männern; ihre Gedichte und Bilder bereiteten mir nurmehr einen formalen Genuß, waren lediglich musikalisches oder artistisches Vergnügen, da ich mich weigerte, mich mit ihren Inhalten zu beschäftigen. Darin war ich ganz einig mit der allgemeinen Tendenz der Kunstbetrachtung, die sich mit der Wahrnehmung formaler Strukturen begnügte, l'art pour l'art, die nurmehr von und zu sich selbst, nicht mehr über und zu den Menschen redete.

Dies war die einfachste und unausbleibliche Antwort auf die Vertreibung aus dem Paradies meiner Utopie, dem Wunsch über mich hinauszureichen.

Es war fast so etwas wie Rache oder Trotz, in ungefähr diesem Sinn: wenn ich mich nicht finden kann, und nicht gespiegelt bin in alldem, was die allgemeine (männliche) Kunst aussagt, verschließe ich mich gegenüber diesen Aussagen und weigere mich meinerseits, ihr als Spiegel zu dienen. Diese Weigerung hatte ihren Preis: sie ließ nur eine oberflächliche, unverbindliche Beziehung zur Kunst zu, da sie ihr jede tiefer reichende Gültigkeit entzog, »…weil eben es [den Weibern]… an aller Objektivität des Geistes fehlt… sie stecken überall im Subjektiven…«[11]

Die Reduzierung meiner Wahrnehmung, die nicht plastisch, sondern nur noch zweidimensional stattfand, war ein unbewußter Akt der Selbstrettung. Mein Ich, das ganz bei sich selbst blieb, verarbeitete nichts mehr, sondern repetierte die Welt und die Produkte der anderen, verwandelte sich nichts an. Ich kann nicht behaupten, daß ich damals unglücklich gewesen wäre. Ich malte und las, ich liebte und träumte vor mich hin, ich debattierte nächtelang mit Freundinnen und Studienkollegen über Gott und die Welt und absolvierte schließlich sogar die Abschlußprüfung mit einer mir selber ziemlich unverständlichen Lässigkeit.

Was ich mit dem Studienergebnis anfangen sollte, war mir völlig unklar. Sollte ich in die Industrie gehen?

Ich hatte düstere Prognosen über die Arbeitsplätze gehört. Die Fachschulabsolventen – so wurde gesagt – seien gezwungen, in kürzester Zeit eine Fülle neuer Dessins zu liefern, man bediene sich ihres Engagements und ihrer durch die Schulzeit geförderten Phantasie, um sie während der dreimonatigen Probezeit zu benutzen und sie dann wieder zu entlassen – mit der Begründung, sie genügten den Anforderungen nicht.

Als freie Mitarbeiterin eines außerhalb der Industrie tätigen Entwurfsateliers erwarteten mich soziale Unsicherheit und geringe, unregelmäßige Bezahlung, weil Entwürfe selten angekauft, sondern meist nur in Kommission genommen wurden.

Wie mit solch freien Ateliers umgegangen wurde, wußte ich nur zu genau aus meiner Lehrzeit: Mitarbeiter der jeweiligen firmeneigenen Zeichenbüros waren bei der Vorführung der neuen Kollektionen stets zugegen, mit dem Auftrag, sich einige der gezeigten Muster zu merken und sie später aus dem Kopf zu kopieren. Auf diese Weise konnten die Textildruckereien den Einkauf einer Reihe von Stoffentwürfen sparen und zugleich neue Modeentwicklungen und Trends avisieren.

Zudem waren die Arbeitsplatzprobleme für Textilentwerfer dadurch verschärft, daß damals nur wenig gemusterte Kleider auf den Markt gebracht und hauptsächlich einfarbige Stoffe verarbeitet wurden.

Um eine Anstellung zu bekommen, hätte ich mich in aufwendige Bewerbungsunternehmungen einlassen, sorgfältig aufgemachte Entwurfsmappen herumschicken, Bewerbungsschreiben verfassen, Vorstellungsreisen antreten müssen.

Was mich schließlich – bei dem unwahrscheinlichen Glück, irgendwo für ein Zeichenatelier angenommen zu werden und auch die Probezeit zu bestehen – später erwartete, konnte mich keineswegs begeistern. Um den richtigen Trend bei Dessins vorauszuahnen, war man gezwungen, sich intensiv mit Mode zu befassen.

Die gute Nase für Neues oder auch für denkbare Rückgriffe bekam nur, wer dauernd konzentriert beobachtete, was in den Zentralen Rom, Mailand, Paris, London und New York auf diesem Sektor passierte. Man mußte ein Gefühl dafür entwickeln, wie sich die Haute Couture dem Firmenstil und dem deutschen Markt entsprechend aufbereiten und verkaufsgerecht umarbeiten ließ. Eigener Geschmack war kaum relevant – die Phantasie hatte sich den saisonalen Gegebenheiten unterzuordnen. Interessierte mich schon die erforderliche Beschäftigung mit Mode nicht sehr, so war die Anpassung an die wechselnden Erfordernisse der Industrie keine Aufgabe, die mich sonderlich reizte.

Außerdem sahen die großen Ateliers in den Stoffdruckereien ziemlich trostlos aus: hintereinander aufgereiht stand Zeichentisch an Zeichentisch, oft mit einer kleinen Stellwand davor, an der Entwürfe befestigt wurden und die den Sichtkontakt zu Mitarbeitern hinderte. Eine Art künstlerischer Fließbandarbeit war hier zu tun – ein bestimmtes Limit an Dessins hatte in einer bestimmten Zeit zu entstehen; es mußte sehr schnell gearbeitet werden, und zudem sehr genau: die Rapporte – d. h. die Wiederholungen des Musters – mußten stimmen.

Für die Zukunft an einem Zeichentisch hatte ich eine Lehre gemacht und studiert. Zu dem Glück, einen solchen Arbeitsplatz zu bekommen, eine gute Musterentwerferin zu werden, hatten mich vor vielen Jahren die Stimmen der Vernunft überredet und mir Gehalt, besseres Gehalt, in Aussicht gestellt. Sie hatten demgegenüber die Armseligkeit der Künstlerexistenz beschworen, von Mangel an Talent und brotloser Kunst gesprochen. Ich war ihren Weisungen gefolgt und erfuhr nun, daß der erlernte Beruf kaum weniger risikoreich war als der eines Künstlers, daß Gesellenbrief und Diplom keine Gewähr für Anstellung und festes Gehalt boten. Die überzeugenden Gegenstimmen hatten mir etwas vorgegaukelt, sie hatten mich betrogen, sie hatten unrecht gehabt.

Hatten sie auch unrecht hinsichtlich ihrer Prognosen von der Brotlosigkeit der Kunst? Oder meines mangelnden Talents? Meine Überlegungen machten mir keineswegs klar, was ich wollte oder tun könnte – nur was ich nicht wollte, begann ich zu ahnen.

Ich wollte nicht in ein Entwurfsatelier, nicht an einem Zeichentisch sitzen mit Sichtblende und ohne Blickkontakt. Ich wollte nicht dauernd Modejournale betrachten und darüber nachdenken, wie das Muster auf dem abgebildeten Modellkleid umzuarbeiten sei, ich wollte nicht wissen, ob man nächsten Sommer die Farbe Cognac oder Aubergine tragen würde.

Da ich nichts zu verlieren hatte, wollte ich ausprobieren, wo meine Grenzen lagen. Wenn sie so eng waren, wie die Stimmen der Vernunft behauptet hatten, war später immer noch Zeit, sich um einen Arbeitstisch im Großraum-Zeichenbüro zu kümmern.

Meine Lebendigkeit, meine Neugier und ein Stipendium machten mir Mut. Ich fuhr nach Italien.

Was ich dort erlebte, unterschied sich kaum von den Eindrücken irgendwelcher bildungsreisender, kunstbeflissener Deutscher.

Das Nord-Süd-Gefälle hinsichtlich der Menge erstaunlicher Kunstwerke ist allgemein bekannt, und was mein Baedeker aus dem Jahre 1911 über die Unterschiede von Mentalität und Lebensweise bei Nord- und Südländern vermerkte, gilt in den neueren Editionen erstaunlicherweise immer noch – nur die Höhe des zu entrichtenden Trinkgeldes muß in heutige Währung übersetzt werden. Für Reisende, »die die kalte Jahreszeit bevorzugen«, empfiehlt sich offenbar weiterhin, »Sorge für ausreichende Decken zu tragen« und »keine gen Norden gelegenen Zimmer zu mieten«. Die Uffizien sind noch genau so eingerichtet – die Reihenfolge der Säle und weltberühmten Gemälde dortselbst hat sich nicht im mindesten verändert.

Da war sie – die entrückte Grazie der Figuren. Die Stille, die von ihnen ausging und in der sie sich aufhielten, bewegt und regungslos, war mir vertraut aus der Kindheit, und in den Bildern war etwas, das mir im Innersten entsprach. Die Kunst war Paradies und greifbares Ding, reflektierte den Glanz ihrer Umgebung und war überall in ihr enthalten. Ich wollte wieder Bilder *haben*, wie damals, als Kind. Mit Bildern wollte ich umgeben sein, nicht mit modischen Mustern und Ornamenten.

Ich wollte wissen, wie sie es machten, diese verfluchten Könner der Renaissance, hinter ihre Geheimnisse wollte ich kommen.

Blinde Passagiere

Eine Bedingung hatte ich mit mir abgemacht – sie betraf noch einmal jene Stimmen, die meine Begabung so abschätzig beurteilt hatten. Nur falls ich Talent haben sollte, würde ich mich daranmachen, in die Geheimnisse der Malerei einzudringen. Wie aber dieses Talent feststellen? Meine Hochachtung vor dem Musentempel, den eine Kunsthochschule für mich repräsentierte, war so ungebrochen, daß ich, gläubig und naiv, das Urteil über mich jenen Fachleuten überantwortete, die dort die Aufnahmeprüfungsmappen sichten.

Nur wenn ich auf Anhieb von dieser illustren Kommission für gut genug befunden werden sollte, war mir laut innerer Absprache gestattet, aus der Sphäre der dekorativen und weiblichen in die eigentliche und männliche Sparte der Kunst überzuwechseln, wo nicht, hatte ich mich unverzüglich hinter einem jener Scheuklappen-Entwurfstische einzufinden, weiterem Ehrgeiz zu entsagen und mich mit dem zu begnügen, wofür mich die Natur als Frau dann wohl doch vorgesehen hatte.

Meine Angst vor dem Ergebnis der Aufnahmeprüfung war die Angst vor einem freudlosen Leben in Mode und Gefälligkeit, und mit einem abscheulichen Gefühl in der Magengrube studierte ich die in der Vorhalle der Hochschule aushängenden Listen, auf denen die Namen derjenigen verzeichnet waren, die bestanden und das Privileg erlangt hatten, dort künftig mit Selbstverständlichkeit aus- und eingehen zu dürfen. Voll Sehnsucht und Neid betrachtete ich die bärtigen Gestalten in fleckigen Jeans, die mit Keilrahmen oder großen Zeichenmappen geschäftig daherkamen oder lässig rauchend irgendwo beisammenstanden und diskutierten.

»Unheimlich viele Weiber sind wieder durchgefallen«, tönte solch ein bärtiger Jüngling neben mir und ergänzte mit »naja, wir sind ja die Potenteren«. Ich entdeckte meinen Namen auf der Liste und entfloh mit bedrängenden Gefühlen: Erleichterung, Leere, Triumph und Unzufriedenheit.

Die Potenteren lernte ich bald näher kennen.

In der Kunsthochschule war nichts von einer unausgesprochenen Überlegenheit der Frauen zu merken, sie waren nicht nur zahlenmäßig in der Minderheit. Es gab hier auch nicht die Eleganz oder

Äbtissin Hitda (um 1025):
Die Äbtissin Hitda übergibt ihr Evangeliar der Heiligen Walburga.

19 Sabina von Steinbach: Die Synagoga (um 1300).
Südportal des Straßburger Münsters.

Caterina Vigri (1413 Bologna – 1463 Bologna):
Die Heilige Ursula und ihre Jungfrauen. *Venedig, Accademia.*

21   Sofonisba Anguissola (1535/40 Cremona – 1625 Palermo): Selbstporträt.
Mailand, Poldi-Pezzoli.

22 Sofonisba Anguissola: Selbstporträt.
Neapel, Museo Nazionale.

23 Sofonisba Anguissola: Porträt eines unbekannten Paares.
Rom, Galleria Doria.

24   Sofonisba Anguissola: Bildnis einer jungen Frau.
Staatliche Museen Preußischer Kulturbesitz, Berlin.

25   Sofonisba Anguissola: Bildnis eines Knaben.
Baltimore, Walters Art Gallery.

raffinierte Farbigkeit, die die Kommilitoninnen beim Stoffentwurf den Männern vorausgehabt hatten. Es gab keine weiblichen Lehrer.

Die Atmosphäre war von der Aura einiger Professoren und deren Meisterschülern geprägt. Außerdem machten da einige vielversprechende junge Talente unter den Studenten von sich reden. Ihren großformatigen avantgardistischen Arbeiten wurde flüsternd eine große Zukunft vorausgesagt.

Es wurde gemunkelt. Es gab Konkurrenz. Es gab Saufkumpanei zwischen Professoren und ihren männlichen Schülern. Es gab Gerüchte darüber, daß Professoren mit semesterweise wechselnden Studentinnen in Ferien fuhren, es gab Anzüglichkeiten, Bemerkungen im Aktsaal, die hinter und unter der bemühten Sachlichkeit aufkamen.

Das Bild vom Künstler, mit dem ich mich als 18jährige auseinandergesetzt hatte, schien sich zu bestätigen.

Erotische Faszination am menschlichen Körper, dem männlichen oder dem weiblichen Akt, und quälende Hemmungen, sich in der als bedrohlich empfundenen Atmosphäre darauf einzulassen, machten mir bei der Arbeit zu schaffen. Sie lösten eine merkwürdige Art von Scham in mir aus. Die Fähigkeit zu vereinnahmen, in Besitz zu nehmen, Voraussetzung für die künstlerische Gestaltung der menschlichen Figur, war einseitig auf das erotische Empfinden der Männer hin orientiert, von ihr gezeichnet.

Weiblichkeit war Objekt, Gegenstand künstlerischen Interesses wie eine Landschaft, über sie wurde verfügt wie über irgendein Thema, sie inspirierte aber nicht durch einen eigenen konkreten Beitrag, sondern durch die Tatsache ihres Geschlechts.

Zwar wurde damals – in den frühen 60er Jahren – nicht viel Akt gezeichnet, die informelle Kunst war dominant, der Gegenstand eher fragwürdig. Die Bemühung um realistische Darstellung, um anatomische oder perspektivische Genauigkeit galt als Fingerübung, schlimmstenfalls als Beweis für Einfallslosigkeit und Mangel an Begabung. Solche Versuche um wirklichkeitsgetreue Abbildung wurden mit der Begründung abgeurteilt, das könne man ja schließlich fotografieren.

Für mich hatte das Aktzeichnen eine besondere Bedeutung.

Zufällig war das erste Aktmodell ein Mann, und ich – Frau – war diejenige, die diesen Körper beobachtete, seine Linien verfolgte, den Verlauf von Muskulatur und Anatomie an ihm studierte und sie mit meiner Hand, meiner Handschrift, in Besitz nahm: aufmerksame Hinwendung, eine gewisse Kühle des Blicks, das Verfügen über die faktischen Gegebenheiten dieses Körpers in einer Absicht, die allein durch mein Interesse bestimmt war. Ich erlebte begeistert eine Freiheit, die ihre Grenzen nur in den eigenen Fähigkeiten hat und nicht von außen gesetzt ist. Die Existenz dieses Körpers – seinen Akt – zu erkennen, mir vertraut zu machen, das Sitzen, Stehen, Angelehntsein zu begreifen, schien unverzichtbarer Ausgangspunkt für etwas, das ich für spätere Arbeit an Bildern zu brauchen meinte.

Diese Sicherheit habe ich nur selten erlebt, zu oft war sie verschüttet unter Gefühlskonventionen, die Frauen gegenüber Männern zur Scheu verpflichtet. Daß es in einer Frau erotisches Vergnügen hervorrufen kann, die Schönheit eines männlichen Körpers zu betrachten, und ohne von ihm auf etwas festgelegt zu werden, Anschauen zu genießen, gehört nicht gerade zum Allgemeinwissen. Beim Studium des weiblichen Akts berührte es mich, die Formen des Frauenkörpers, seine Eigenschaften und seine Erscheinung aus der Distanz zu erleben, an ihm zu sehen, wie und wer ich war – eine neue Dimension von Selbsterfahrung. Ich war entschlossen, in meiner Arbeit den weiblichen Menschen als Verwirklichung des imaginären Ichs auszuweisen. Die Frau sollte mit ihrer körperlichen Existenz in Bildern den Menschen schlechthin repräsentieren (wie für die Maler der Renaissance der männliche Akt). Am weiblichen Körper wollte ich allgemein Menschliches zeigen – in weiblicher Perspektive, und so die Sehweise der Frau, ihre Erlebnissphäre, auch ihre Verstümmelung herauslösen aus der Determinierung durch männliche Erotik.

In der Hochschule diesen Gedanken nachzugehen, sie dort in Zeichnungen oder Bildern zu realisieren, hatte ich nicht den Mut. Die Atmosphäre engte mich ein, machte mir angst und ließ mir nicht die Freiheit, mich auf solche Versuche einzulassen.

Allzu deutlich wurde mir vermittelt, daß Frauen bloß Gäste waren bei diesem Studium. Sie waren *auch* dabei, wollten *auch* Kunst machen, wollten *auch* etwas, das die anderen, die Männer, *eigentlich* taten. Sie waren Sonderfälle, unter Umständen *auch* begabt.

Eine Frau, der die besondere Aufmerksamkeit eines Professors zuteil wurde, geriet in subtiles Zwielicht. Er mag sie eben, war noch die einfachste Erklärung. Eine vielversprechende Frau verspricht eben ganz anderes als ein vielversprechender Mann.

Es galten Regeln, die die Bewertung und das Verhalten der Geschlechter betrafen, ohne daß sie irgend jemand genauer gekannt hätte. Sie waren niemandem bewußt, und doch richteten sich alle danach.

Wie damals als Kind wünschte ich wieder, allein gelassen zu sein – ich war wie zurückversetzt in die Zeit meiner ersten Malversuche.

Unsichtbar wünschte ich durch die Welt gehen zu können, um sie ungestört zu betrachten – unbeeinträchtigt von der Tatsache meines Geschlechts, denn dieses schien Fragen an das »Draußen« unglaubwürdig zu machen:

In der Nähe meiner Wohnung war ein galgenförmiges Gestell aufgerichtet worden – eine Art riesiger Schmiedehammer. Da ich ein solch merkwürdiges Ungetüm noch nie gesehen hatte, wollte ich mich über seine Funktion informieren. Es handelte sich um eine Konstruktion, die Kanalisationsrohre unterirdisch verlegte, ohne daß Straßen aufgerissen werden mußten. Interessiert beobachtete ich die umfänglichen Betonrohrsegmente, die am Bordstein lagen, das aufgebaggerte Straßenstück, in dessen Tiefe die Ramme, die da rhythmisch auf- und absauste, auf mir unerklärliche Weise Platz freiräumte für die Abflußrohre. Schließlich sprach ich einen der Arbeiter an, fragte, wie die Sache funktioniere. Er grinste, und weitere Arbeiter kamen heran, um mich mit einer Fülle von Obszönitäten zu überschütten. Die Vokabeln Vorpressung, Loch, Vortrieb, Ramme, Bohren, Auf und Ab boten ihnen genug Assoziationen für einen Schwall von Anzüglichkeiten und Kränkung, mit dem sie mich genüßlich in die Flucht schlugen.

Was sie jedem sechsjährigen Steppke wahrscheinlich bereitwillig erklärt hätten, stand einer Frau zu fragen nicht an, zu wissen nicht zu.

Was hat sich eine Frau für Straßenbau zu interessieren?

Verärgert und voll Ekel ging ich nach Hause.

Maschinen faszinieren mich. Die Architektur solch fremdartiger Gebilde, die mich oft an Metalltiere oder vorweltliche Drachen denken läßt, würde ich gerne malen – die Mischung aus Vorzeitlichkeit, Modernität und Funktionalität, auch ihre oft kräftige Farbigkeit würden mir für meine Bilder sehr gefallen.

Wie soll ich Maschinen kennenlernen?

Fürs erste hatte ich jedenfalls genug.

Man setzt sich nicht ohne Not Anzüglichkeiten aus.

Kurze Zeit später beobachtete ich, wie vor einem Neubau Stück für Stück eine Ummauerung aus Betonguß hergestellt wurde. Gerade war wieder ein Abschnitt von Verschalung fertig geworden, und es sah so aus, als ob mit dem Guß gleich begonnen würde. Ich zögerte, zu gern hätte ich zugeschaut.

Die beiden Arbeiter hatten mich bemerkt. Ihre Gesichter verhießen nichts Gutes. Sie freuten sich sichtlich auf die Gelegenheit zur Anmache.

Ich wechselte die Straßenseite.

Ich war nicht bereit, mich für die Beobachtung eines Betongusses mit Zweideutigkeiten beleidigen zu lassen. Der Preis war mir zu hoch.

Anschauung besteht nicht nur im Betrachten, sondern auch im Erfassen von Funktion, im ungehinderten Fragen und Erfahren. Weiblichkeit wird da offenbar zur Unzulässigkeit, als hätte man nicht den richtigen Ausweis. Ihr Geschlecht verwehrt der Künstlerin die Anschauung, die Voraussetzung ist für die visuelle Antwort auf die Welt.

Es macht Frauen zu blinden Passagieren.

Wo ich anwesend war als Frau, war ich weniger anwesend als Mensch. Je mehr mein Geschlecht wahrgenommen wurde, desto mehr verschwand ich als Mensch aus der Wahrnehmung. Weiblichkeit verminderte Menschlichkeit, reduzierte auf wenig mehr als eine Funktion. Nicht, daß ich die Sexualität abgelehnt hätte – im Gegenteil. Ich wollte sie aber nicht als Reduzierung, und das ließ meine Umwelt nicht zu.

Nicht ich war es, die meine Wirksamkeit, Wirklichkeit in der Umwelt bestimmte, sondern die Umwelt definierte mich, preßte mich in ein Bild – in das aller Frauen.

Die Kunst selber reflektiert in weiten Bereichen diese Reduzierung. Unabweisliche Fragen drängen sich auf: warum – warum dieses weibliche Fleisch, weshalb so, weshalb die Vergewaltigungen, Proserpina, die Sabinerinnen, Andromeda nackt an den Fels geschmiedet, Mütter, denen die Kinder weggeschlachtet werden, Madonnen, die keuschen Sohngebärerinnen – weshalb die Kokotten, die schwarzbestrumpften nackten Frauen mit den hochhackigen Stiefeletten, Frauen als Stühle, Tische, obszön entblößt, hingestreckt und ausgebreitet?

Was der Frau bei der Betrachtung von Kunst zugemutet wird, ist doppelbödig: Sie ist ausgeschlossen von der Möglichkeit und dem

Genuß, ihr Bild im Medium Kunst zu betrachten, sich in ihm zu reflektieren, sich dort zu begegnen, wodurch erst sie sich wahrnehmen, sich zurückgewinnen könnte. Sie bleibt sich selber unkenntlich. Ihre Identitätslosigkeit verschärft sich durch den Zwang, die Rede der Männer, die über sie geführt wird, in sich fortzusetzen und in einer stummen Antwort ihr zu entsprechen, d. h. sich selber zu dem geforderten und erforderlichen Objekt zu machen, das allein ihre Existenz legitimiert, also gemäß dem Muster und Bild zu erscheinen, das die Phantasie der Männer über sie verhängt hat. Die Frau als Wandelbare, Veränderliche, die »donna mobile« folgt mit dieser Wandlung der Verpflichtung, die die Bilder ihr auferlegen. Sie ist nicht eine sich selber Verwandelnde, sondern eine, die anverwandelt wird.

Weil sie diese Veränderungen nicht aus eigener Notwendigkeit vollzieht, sondern sich den von außen an sie herangetragenen jeweiligen Imaginationen anpaßt, bleibt sie immer dasselbe, nämlich die Verkörperung der Vorstellung, die der Mann sich vom weiblichen Geschlecht macht. Daher scheint sie die ›Ewige‹ zu sein, denn sie ist, als Inkarnation der Vorstellungen des Mannes, nicht Subjekt einer eigenen Geschichte. Wandlungsfähigkeit und das ›Ewig-Weibliche‹ charakterisieren jedoch nicht die Frau, sondern beschreiben nur, was der Mann von ihr denkt. Die Verantwortung hierfür hat er jedoch ihr übertragen, sie trägt die Schuld an seiner Phantasie, denn, wo sie willfährig folgt, setzt sie sich dem Hohn der Männer aus, als wüßten diese, daß sie mit dem Bild, dem die Frau zu entsprechen hat, Gewalt ausüben. Dafür rächen sie sich, einen bekannten psychischen Umlenkungsprozeß vollziehend, an *ihr*, statt an sich selbst. Männer beklagten zu allen Zeiten die Willfährigkeit der Frau, die doch damit allein die Möglichkeit hatte, ihre Existenz zu sichern; sie haßten sie für die von ihnen verordnete Geschmeidigkeit: blieb sie doch so auch für sie unerkennbar.

Da sie nur ihren Wünschen entsprach, konnten die Männer nicht finden, was und wie sie wirklich war, und daher erklärten sie zu einem Geheimnis, was unter und hinter ihren Bildern verborgen, von ihnen zugedeckt und unerfindlich geblieben ist. Das Redeverbot, das sie ihr erteilten, nahm sie schließlich ihnen selber weg.

Auch das Verborgensein noch entzieht sich, wird nicht benannt, findet keinen Eingang in die Theorie.[12] Unbekanntes ist bedrohlich, und so wendet sich der Mann der »unerkennbaren« Frau in der

Liebe als »Eroberer« und »Besieger« zu – eine Metaphorik, die Vergewaltigungsphantasie in sich trägt.

Doppelt ist der Sieg über die Frau in Bildern der klassischen Kunst gespiegelt – die Vergewaltigung, präsent in fast allen erotischen Szenen (Bacchanale, Nymphen und Satyrn usw.), beschreibt die eine Seite – die andere, subtilere zeigt die Mutter mit dem Sohn. In den Madonnenbildern geht es ja weniger um Verehrung von Mutterschaft oder der Gebärfähigkeit der Frau schlechthin, sondern darum, daß das Überleben der Männer weitergereicht, ein Sohn geboren wird, ein Sohn göttlicher Herkunft – Legitimation für die Existenz der Frau und Gewähr für das Überleben des Mannes. So besteht das Verbrechen des Kindermordes zu Bethlehem auch nicht in erster Linie in Brutalität gegenüber Frauen und Kindern, sondern in der Herrschaftsanmaßung eines Königs gegenüber seinen männlichen Untertanen, der Entmündigung der Väter, deren Überleben mit ihren Söhnen ausgelöscht wurde.

Wo immer Mutterschaft Thema ist in der Kunst früherer Zeiten, handelt es sich fast ausschließlich um Mütter von Söhnen (Venus mit dem Putto, dem Amor-Genius-Sohn, oder Isis mit dem Horusknaben). Darstellungen von Tochter-Geburten sind selten (Geburt Mariens, Anna Selbdritt). Kinder kommen in der überlieferten Kunst so gut wie immer als Knaben vor, es gibt kein weibliches Kind unter den im Himmel schwebenden Amoretten und Putten (Ausnahme: Philipp Otto Runges Morgen-Allegorie).

Üben Frauen Gewalt gegen Männer aus, so bedeutet das nicht etwa weiblichen Sieg. Samson und Delilah, Judith und Holofernes, Salome und Johannes sind keine ›Gegenbilder der Frauenmacht‹. Das Bild der Frau mit dem Schwert dient eher der Rechtfertigung von Männergewalt gegenüber Frauen. Auf der einen Seite suggeriert es so etwas wie Waffengleichheit zwischen den Geschlechtern und verschleiert damit das tatsächliche Machtgefälle, auf der anderen Seite reden diese Bilder von einer besonderen Gefährlichkeit der Frau, sobald sie die Instrumente der Herrschaft in die Hand bekommt, die nur Männern zustehen, jene Kriegswaffen, mit denen sie sich erfolgreich gegen die Unterordnung unter den Mann zur Wehr setzen und das ›naturgegebene‹ und ›gottgewollte‹ Machtgefälle aufheben könnte. Überdies wird der Frau unterstellt, sie kämpfe mit zweierlei Waffen, wenn sie die Waffen der Männer handhabt, denn sie besitzt ja außerdem die ›Waffen der Frau‹, die als besonders bedrohlich gelten, als ›männermordend‹. Diese ›Waffen‹, nämlich Schönheit, Ergebenheit, Raffinement oder ein Lächeln werden auf solche Weise gleichgesetzt mit den wirklichen Tötungsinstrumenten. Was die Frau sein soll, um überhaupt als weiblich anerkannt zu werden, eben schön, anmutig, kokett und verführerisch, wird nun zu einer Kampftaktik umgemünzt und ihr als Schuld angerechnet: Schönheit wird zu bedrohlicher Fatalität, mit der der Sexus der Frau den Mann knechtet, Anmut und Ergebenheit zu verlogener List. Hinter solchen Behauptungen verbergen sich männliche Wünsche, die kaum jemals eingestanden werden, die Sehnsucht nach Unterwerfung unter die Frau beispielsweise.[13]

Anders die Botschaft derjenigen Bilder, in denen sich der Kampf unter Männern abspielt: hier ist nicht von Gefahr die Rede, sondern von Triumph. David mit dem Haupt des Goliath beschreibt Gewalt daher als Sieg der Jugend, Sieg der Söhne.

Während Judith oder Salome als bedrohlich sexuelle Metaphern präsentiert werden, wird die Tat Davids, die Ermordung, der Sieg über den Stärkeren belobigt und gefeiert. Von David geht keine Bedrohung aus. Obwohl ein Mann besiegt und getötet wurde, findet keine Identifikation mit dem Opfer statt, wird nicht deutlich gemacht, daß Männer durch *Männer* gefährdet sind.

Die Schlachtenbilder, Darstellungen großdimensionierten Mordens, das Männer in Angst vor ihrem eigenen Geschlecht versetzen könnte, bewirken nichts weniger, sondern suggerieren im Gegenteil (ähnlich den Western und Krimis heute) den Schein von Naturnotwendigkeit eines Kampfs, der um den kompositorischen Zentralpunkt der Gewänderpracht eines Fürsten, eines weißen Kriegsrosses geordnet, in schicksalhafter Gesetzmäßigkeit sich selbst produziert. Kampf wird neutralisiert zu einem Geschehen, in dem Männer sich am gegenseitigen Messen der Kräfte und an der Schönheit muskulöser Leiber delektieren. In diesen Kämpfen sind Frauen nicht zu sehen, sie tauchen allenfalls als allegorische Figuren auf. Im 19. Jahrhundert sieht man sie – selten genug – klagend am Bildrand, manchmal mit Kindern auf dem Arm. Realität des Krieges ist nicht gemeint, sondern der Männer-Mythos von der euphorischen Schlacht – dem »Kampf ums Dasein«, dem »Kampf draußen im feindlichen Leben«.

Die bewaffnete Frau verkörpert – mit Ausnahme mancher Allegorie wie der der ›Freiheit‹ oder der ›Gerechtigkeit‹ – das Böse, Niederträchtige. Diese Metaphorik setzt sich fort in *den* Bildern des kritischen Realismus, wo am Körper der Frau Gesellschaftskritik exekutiert wird. Das Vergnügen an Sex and crime wird auf ästhetisch anspruchsvollem Niveau jenen Männern ermöglicht, die wegen geschmacklicher Bedenken von der neuen Freiheit, den Porno nicht mehr heimlich, sondern öffentlich zu lesen – mit den Füßen auf dem Tisch sozusagen – nur zögernd Gebrauch machen. Ihnen wird nunmehr die Lust an Soldatenstiefeln und nackten Frauen sozialkritisch bemäntelt und jene »klammheimliche Freude« an der Gewalt angedient, die sie mit dem Künstler komplizenhaft teilen. Die schlechte Wirklichkeit, die verborgene Brutalität des Trivialen erfährt in ihrer Verdopplung auf künstlerischer Ebene keine Verurteilung, sondern wird durch die ästhetische Form gesellschaftsfähig, erhält jenen punkhäßlichen Schick, mit dem der Kommerz sich die Verzweiflung allemal gefügig macht. Der gegenwärtige marktbezogene Kulturbetrieb reproduziert vorzugsweise ein Menschenbild, in dem sich Frauen nicht wiederfinden können. Sein wohlfeiler Anspruch auf schonungslose Offenbarung der bösen Wirklichkeit dient oft bloß einer zynischen Verlogenheit zur Tarnung. Daher birgt die Auseinandersetzung mit den formal-ästhetischen Methoden der aktuellen Kunst für Frauen zahlreiche Fußangeln und Widersprüche. Wollen sie den gerade gegenüber der Kunst von Frauen besonders häufig geäußerten Verdacht entkräften, nicht zeitgemäß, nicht aktuell genug zu sein, so sehen sie sich in den Sog eben jener künstlerischen Methoden geraten, in denen Weiblichkeit als männliche Imagination verzerrt und verstümmelt worden ist. Suchen sie andere Wege, so laufen sie Gefahr, sich in ein weibliches Ghetto zu begeben, in dem gegenwärtige Beurteilungskriterien entweder nicht gelten können oder nicht gelten sollen. Wenn sie sich aber in ihrer Arbeit bewußt gegen den offenkundig fragwürdigen Aktualitätsbegriff selber stellen, so befinden sie sich nur allzu schnell in einem künstlerischen Abseits, in dem keine Aussicht mehr besteht, als Künstlerinnen ernstgenommen zu werden.

Die Potenteren

Jeder Mensch, der sich auf den Versuch einläßt, Kunst zu machen, riskiert das Scheitern, nicht nur einmal, sondern zu jeder Zeit im Leben.

Nichts ist sicher. Können kann zur Routine werden, leer und sinnlos sich totlaufen, selbst lange künstlerische Erfahrung bietet keine Gewähr für gleichbleibendes Niveau der Arbeit und schützt nicht vor dem Verlust produktiver Impulse.

Die Risiken können sehr verschieden aussehen, z. B.: Die Umwelt verliert das Interesse an einem Künstler. Dieser ist sich bewußt, daß seine Arbeit nicht mehr verstanden werden kann, obwohl sie nichts an Qualität eingebüßt hat. Oder ein Künstler hat seine beste Zeit hinter sich und weiß dies, paßt sich aber der marktgängigen Mode an und ist entsprechend erfolgreich. Oder: ein Künstler, eigene Werke aus vergangenen Arbeitsphasen kopierend, ist nur noch selber von seinem Können überzeugt. Einige Freunde unterstützten ihn mitleidig. Oder, zunehmende Selbstzweifel hindern einen Künstler an kontinuierlicher Arbeit und machen es ihm unmöglich, seinem eigentlichen Können entsprechend produktiv zu sein.

Das gilt für Männer und Frauen.

Über das individuelle Risiko hinaus unterliegt der einzelne Rechtfertigungszwängen verschiedener Herkunft. Seine Arbeit wird in didaktischer oder ideologiegerechter Absicht zurechtgestutzt, nutzbar gemacht, gedeutet und vor alle möglichen Karren gespannt. In einer nur peripher an Kunst interessierten Gesellschaft, deren Leitbild das des Top-Managers ist und deren Hektik für Kontemplation wenig Raum läßt, haben auch männliche Künstler eine Outsiderposition. Gipfelstürmer à la Messmer und Fußballstars entsprechen eher den allgemeinen Projektionen und Identifikationsmodellen als Maler, die im Bewußtsein vieler Leute ›keine anständige Arbeit‹ tun.

Die offizielle Auseinandersetzung mit der Kunst begnügt sich häufig mit Fragen der Statistik, der Museumsbesucherzahlen und Einschaltquoten – inhaltlich findet sie kaum statt.

Künstler müssen sich darüber hinaus den Gesetzen von Markt, Management und Ausstellungsbetrieb stellen.

Mit diesen Problemen haben sich alle Künstler herumzuschlagen. Männer allerdings können sich in die Kunstszene als Männer einbringen. Sie können sämtliche Kulturleistungen fraglos als von Männern stammend für sich vereinnahmen. Ein Mann, der sich als Künstler versucht hat, aber irgendwann aufgibt, ist nicht als Geschlechtswesen gescheitert, sondern als Individuum.

Die Vorlesungen in Kunstgeschichte, die ich zu Beginn der 60er Jahre besuchte, analysierten so gut wie nie die gesellschaftlichen Voraussetzungen für die Entstehung von Kunst, beachteten weder die sozialen Hintergründe von Künstlerbiographien und die entsprechenden Konsequenzen, die sich hieraus für die jeweilige künstlerische Arbeit ergaben, noch die sozialen Bedingungen, unter denen eine bestimmte Art von Kunst anerkannt wird und eine andere nicht, sondern beschränkten sich auf traditionelle Auffassungen der Kunstgeschichtsschreibung, die daher immer noch wirklichkeitsfremd, trocken und abstrakt ist. Weder die Lehrenden noch die Studierenden empfanden die doch eigentlich erstaunliche Tatsache, daß sämtliche Kunstwerke aller Zeiten ausschließlich von Männern stammten, einer Nachfrage für würdig. Die Forschung, so wurde uns vermittelt, sei gründlich und ihre Maßstäbe der Beurteilung und Zuschreibung allein von den Kriterien wissenschaftlicher Objektivität geleitet, so daß ein wichtiges Werk einer Frau – sollte es dies jemals gegeben haben – ihrem genauen und gerechten Blick nicht entgangen wäre, denn: was über seine Zeit hinaus auch für die Nachwelt von Bedeutung ist, geht nicht verloren, sondern wird bewahrt und gepflegt. Von Frauen gab es offensichtlich bis in die jüngste Gegenwart nichts, das überliefernswert gewesen wäre.

Hatten die also recht, die nicht müde wurden festzustellen: Es ist besser, Frauen lassen sich auf ein derart vergebliches Unterfangen gar nicht erst ein, sondern sorgen statt dessen lieber für einen begabten Mann, waschen ihm die Socken, kochen ihm etwas Anständiges und halten ihm den Alltags-Kleinkram fern. Damit tun sie mehr für die Kunst, als wenn sie sich in aufreibenden Versuchen verschleißen, selber etwas produzieren zu wollen. Alles, was sie machen, wird von der Geschichte hinweggefegt werden, wie die Spreu vom Weizen.

Frauen sollten die Künstler inspirieren, mit ihrer Schönheit anregen, mit ihrer Sexualität beflügeln, mit ihrer Arbeit von kleinlichen und unmaßgeblichen Sorgen befreien, so daß diese sich auf die wirklich großen Probleme einlassen können: auf Fragen um die Kultur, die Weltpolitik, den Fußball und den außerehelichen Sex.

Diese Litanei hatte ich in unendlich vielen Variationen gehört und gelesen.

Zeigt sich jedoch, daß eine Frau tatsächlich begabt ist (was immer das sein mag), so ist sie für eine Frau erstaunlich begabt. Eigentlich unweiblich. Ist sie ehrgeizig, so ist sie für eine Frau besonders ehrgeizig – ihre Weiblichkeit muß daher angezweifelt werden.

Käthe Kollwitz soll sich gefragt haben, weshalb nicht auch ihre Schwester Künstlerin geworden sei. Sie hielt diese für begabter als sich selbst, meinte dann aber, ihre Schwester habe nicht den notwendigen Ehrgeiz gehabt, habe sich nicht entfalten können, weil sie zu weich und selbstlos gewesen sei. Ein Interpret des Kollwitzschen Werks folgert daraus zwingend, »daß bei allem Altruismus der Gesinnung die künstlerische Potenz fast immer mit einem gewissen Maß männlicher Härte und Egozentrismus gepaart sein müsse«.[14]

Gewiß, an der Kunsthochschule gab es damals auch einige Frauen, die von sich reden machten und als gut galten. Aber sie waren Ausnahmen, und man hielt sie für schwierig, kompliziert, merkwürdig. Mich schüchterten sie eher ein, als daß ich mich hätte mit ihnen zusammentun können. Zu sehr war ich in Selbstzweifeln verstrickt, zu wenig fühlte ich mich überhaupt zugehörig.

Kunst, die diesen Namen verdient, so machte man uns glauben, setze sich irgendwann auf jeden Fall durch, ob sie von Männern oder von Frauen stamme, habe keine Bedeutung. Daß sie aber bei Männern eher als bei Frauen zu vermuten sei, darin waren sich alle einig; daß sie überhaupt eher von den ersteren kam, war eine Tatsache, die keiner weiteren Erörterung bedurfte.

Männer produzierten sich im Gegensatz zu den Frauen mit einer gewissen Hemmungslosigkeit. Sie verbreiteten sich in meist langweiligen Analysen über die derzeitige Kunst, sie erlaubten sich großspurige Selbstdarstellungen und zum Teil ziemlich geschmacklose Riesenschinken, wobei sie oft keinerlei Bedenken hatten, sich erfolgversprechenden Tendenzen anzupassen. Niemand regte sich darüber auf, wenn ein Student seinen Professor deutlich sichtbar kopierte. Es war üblich, daß ganze Klassen im Kielwasser ihrer Professoren einherschwammen. Der Einfluß eines Professors war eine Selbstverständlichkeit – die Klasse XY war die Klasse XY, weil sie so malte wie Professor XY. Die dort studierenden Männer bestritten entweder diesen Einfluß und erklärten, wie sehr sie doch eine eigene Handschrift entwickelt und wie wenig sie bei genauerem Hinsehen mit ihrem Vorbild zu tun hätten. Oder sie behaupteten ganz einfach, heute könne man nur noch so malen (so wie sie), alles andere sei Zeitverschwendung.

Sie diskriminierten andere Orientierungen, werteten ihr Vorbild zu einer absoluten Größe auf, »um die heutzutage niemand mehr herumkomme«, und rechtfertigten damit ihre epigonalen und angepaßten Arbeitsergebnisse.

Frauen mit einer ähnlichen Haltung wurden eher verdächtigt, keine eigene künstlerische Substanz zu besitzen. Daher bemühten sie sich ängstlich, Vorbilder in die eigene Handschrift zu integrieren, einer Tendenz eigene Töne abzugewinnen, oft schüchtern, kleinformatig, um stimmige Farbigkeit besorgt, nicht aggressiv und hemmungslos wie ihre männlichen Konkurrenten. Frauen waren darauf bedacht, keine Fehler zu machen, fragten öfter, zögerten länger bei größeren Wagnissen – und das gerade waren ihre größten Fehler.

Sicherlich gab es unter den Studenten auch einige schüchterne Männer – aber sie und die wenigen selbstbewußteren Frauen änderten nichts an der Atmosphäre, die von Konkurrenz und Angst bestimmt war.

Am größten war die Angst davor, sich lächerlich zu machen mit künstlerischen Versuchen, die nicht in irgendeiner ›Richtung‹ abgesichert waren. Meine eigenen Ängste und Unsicherheiten hatten darüber hinaus vor allem mit der Kunstgeschichte zu tun. Wenn aus früheren Zeiten kein einziges Werk einer Frau für wert gehalten wurde, überliefert zu werden, weshalb sollten Frauen dann ausgerechnet jetzt, in der Gegenwart, zu überliefernswerten Kunstwerken fähig sein? Aus welchem Grund sollte sich die weibliche Natur plötzlich geändert haben? Wenn jedoch all das, was Frauen früher und jetzt in der Kunst leisteten, bloß eine belanglose Randerscheinung ohne jede weiter tragende Bedeutung blieb, weshalb sollte dann gerade ich so etwas wie einen Gegenbeweis wagen? Wie konnte denn ich mich auf eine derart anmaßende Unternehmung einlassen? Wenn es aber von vornherein ausgeschlossen war, daß ich als Frau trotz aller Anstrengung jemals irgendeine Arbeit von Belang würde machen können, war es denn dann nicht absurd, sich überhaupt mit Kunst zu befassen? Weshalb sollte ich dann studieren, weshalb die quälenden Bemühungen im Aktsaal oder beim Porträtzeichnen, weshalb meine Versuche der sogenannten freien Komposition, wenn das alles bloß stümperhafte Schülerarbeiten blieben? Selbst bei bescheidenster Einschätzung der eigenen Möglichkeiten muß es in der Kunst so etwas wie den Glauben ans Gelingen geben, ein durch nichts gerechtfertigtes Vertrauen darauf, irgendwann einmal einen Fortschritt zu machen. Woher sollte ich dieses Vertrauen nehmen, angesichts der erdrückenden Allgegenwart männlicher Glanzleistungen und der vollkommenen Abwesenheit weiblicher Hervorbringungen von Rang? War meine Ausbildung etwa nur ein netter Zeitvertreib vor der Ehe mit einem Künstler, dem ich dann ein bißchen zur Hand gehen könnte? Machte ich mir nicht ungeheure Illusionen über mich selbst? Verzweifelt zog ich mich zurück, gab es auf, in den Ateliers der Hochschule zu arbeiten und malte allein in meinem Zimmer.

Wieviel Sich-in-Frage-Stellen, Frustration und Einsamkeit es auch unter all den anderen aktiven interessierten, experimentierfreudigen Leuten, Männern und Frauen, gab, ließ sich höchstens daran ablesen, daß ziemlich häufig jemand sich als »in einer Krise befindlich« bezeichnete.

Es gab keine angstfreie Kritik untereinander.

Stellungnahmen zu einzelnen Bildern wurden daher in ideologiekritische Diskussionsbeiträge gekleidet, befaßten sich selten mit konkreten Problemen der Arbeit. Wer sich an einem anerkannten Vorbild orientierte, war abgesichert, war in eine große kunsthistorische Tendenz einzuordnen, konnte sozusagen nicht verlorengehen.

Die scheinbar völlig offene Kunstszene, in der alles möglich war – der Schnitt in eine Leinwand, verbrannte Plastikhüllen über einen Keilrahmen gespannt, Spuren angeschossener Farbbeutel auf dem Malgrund –, diese Kunstszene produzierte irrationale und nicht mehr überprüfbare Werturteile. Sie bot einen guten Boden für die Fixierung an Autoritäten. Sie etablierte – in aller Freiheit, versteht sich – die Notwendigkeit, sich nicht auf die faktische sinnliche Erfahrung mit dem Kunst-Ding einzulassen, obwohl gerade dies ihr vorgebliches Thema war.

Neues verbreitete sich deshalb so überaus schnell, weil es mit der Autorität des »Neu-Sein-an-Sich« daherkam, und nicht etwa, weil die Szene jedem Neuen gegenüber besonders aufgeschlossen gewesen wäre.

Ab der zweiten Hälfte der 60er Jahre gaben viele Künstler und Kunstschulabsolventen eine eigene Künstlerkarriere auf, malten

Flugblätter statt Bilder, entwarfen Plakate und eine neue Art von Kunstdidaktik, die auf der Analyse der gesellschaftlichen Bedingtheit von Kunstproduktion aufbaute. Daß ästhetischer Genuß und Betroffenheit keine Widersprüche sind, wie eine bilderstürmerisch-asketische Kunstvorstellung großer Teile der Linken zeitweise glauben machen wollte, kam in dieser Analyse zu kurz. Ebenso vernachlässigte das Politikverständnis der 68er Linken die Probleme der Frauen, obwohl sich gerade an ihrem Beispiel die Zusammenhänge zwischen gesellschaftlich vorgegebenen Bedingungen der Lebensgestaltung und künstlerischen Ausdrucksmöglichkeiten am deutlichsten zeigen. Dies umso mehr, als Frauen keine den unterprivilegierten Klassen oder Schichten vergleichbare homogene Gruppe bilden, sondern auf allen Ebenen der Gesellschaft einen niedrigen, aus den geltenden Normen ausgegrenzten Status innehaben, so daß ihr Leben und ihre Arbeit sämtliche sozialen Widersprüche am differenziertesten widerspiegelt.

Auch die Frauen selber besannen sich damals erst aufgrund ihres Engagements für andere auf ihre eigene Entmündigung, wie schon so oft in der Geschichte.

Künstlerinnen in der
Leichtlohngruppe

Während der turbulenten zweiten Hälfte der 60er Jahre betrachteten sich Studenten ganz allgemein als privilegiert, was sie ja aufgrund ihrer damals noch recht günstigen Aussichten auf später gut bezahlte Arbeit als Akademiker auch tatsächlich waren. Doch trat dieser so wichtige Aspekt gegenüber der Vorstellung, ihr akademisches Wissen mache ihr eigentliches Privileg aus, in den Hintergrund. Dieses Wissen geriet daher unter Rechtfertigungsdruck. Wem nutzte es? Wie konnte die Arbeiterklasse an dieses Wissen herangeführt werden? Obwohl die angehenden Künstler keine sichere Zukunft erwarten konnten, fühlten sich die Studierenden an den Kunsthochschulen besonders dazu gedrängt, ihr ›elitäres‹ Treiben zu rechtfertigen. In den damaligen Marxismus-Diskussionsrunden erfuhren wir, daß es einen bürgerlichen bzw. kleinbürgerlichen Ästhetikbegriff gebe, daß Künstler privilegiert seien und überhaupt die Nutznießer der Klassengesellschaft (weil Kunst ja nur von Wohlhabenden bezahlt werden kann, die ihren Reichtum durch Ausbeutung der Arbeiterklasse erworben haben). Wir Frauen waren solchen Tönen gegenüber besonders empfindlich, nicht nur, weil Frauen sich ohnehin für jede selbstbestimmte Abweichung von der vorgeschriebenen weiblichen Biographie gewissermaßen entschuldigen müssen, sondern weil der Kunststudentin immer noch das Image der höheren Tochter anhaftete, der jungen Dame aus besseren Kreisen, die sich die Extravaganz musischer Betätigung leistet.

Daher hielten wir uns einerseits für bevorzugt, fühlten uns aber andererseits dazu gedrängt, uns dieser Bevorzugung durch besondere Leistung würdig zu erweisen. Spürten wir, daß uns das Recht, an einer Kunstakademie zu studieren, erst seit kurzer Zeit eingeräumt worden war? Noch Käthe Kollwitz durfte in München nur eine Künstlerinnenschule besuchen – und Maria Konstantinowa Bashkirzewa hatte sich wenige Zeit zuvor in ihrem Tagebuch bitter darüber empört, daß sie als Frau nicht wie ihre männlichen Kollegen Kunst studieren durfte, wo und wie sie wollte.

Schon Vasari, der erste Kunsthistoriker überhaupt, hatte in seinem Bericht über Plautilla Nelli bedauert, »daß sie nicht so leicht wie ein

Mann nach dem Leben [hat] studieren können«[15] – er spielte auf ein
Verbot an, das die Frauen vom Aktzeichnen ausschloß. Dieses war
unerläßliche Voraussetzung für die anatomisch richtige Wiedergabe
des menschlichen Körpers. Das Verbot hatte den Zweck, Frauen
besondere Kunstsparten vorzubehalten, das Stilleben beispielsweise
– ein als zweitrangig eingeschätztes Genre. Die Ausführung repräsentativer und vielfiguriger Kompositionen wurde ihnen damit unmöglich gemacht oder sehr erschwert, jener Aufträge, die am meisten begehrt und am besten bezahlt wurden.
Daß es in der Tat nur wenige derartige Werke von Frauen gibt,
diente seinerseits als Beweis für ihre mangelnde Eignung zu solcher
›großen‹ Kunst. Frauen durften weder Gehilfen ausbilden noch eigene Werkstätten führen. Der Nachteil, der sich für die Malerinnen
aus dieser Regelung ergab, wird deutlich, wenn man sich klarmacht,
in welchem Umfang die europäische Maltradition eine Tradition der
Werkstätten ist.

»Im 17. und 18. Jahrhundert durften allerdings in Frankreich Malerinnen zu
Mitgliedern der Akademie ernannt werden, und in den Akten der Akademie
finden wir in der Tat eine große Zahl weiblicher Mitglieder verzeichnet.
Als das Consulat die durch die Revolution zerstörten Akademien wieder
herstellte, forderten die alten Mitglieder das Recht der Ausschließung der
Frauen, ohne selbst Mde. Lebrun [berühmteste Malerin des 18. Jahrhun-
derts] auszunehmen. Diesem ebenso noblen wie gerechten Verlangen wurde
natürlich gewillfahrt.«

So schreibt Hedwig Dohm, und über die Ausbildungsmöglichkei-
ten für Frauen gegen Ende des vorigen Jahrhunderts berichtet sie:

»Ein Knabe wird fast unentgeltlich (ich glaube, der Preis beträgt 4 Thaler
halbjährlich)… in die Akademie hineingeschoben… Und die Mädchen?
Bis vor wenigen Jahren gab es für sie überhaupt keine Möglichkeit eines
systematischen gründlichen Zeichenunterrichts.«

Nach der Gründung einer Zeichenschule durch einen Verein von
Berliner Künstlerinnen war dann

»den Mädchen für 12 Thlr. monatlich gestattet, in den Vormittagsstunden
von 10–1 Uhr sich mit Zeichnen zu beschäftigen.«
»Die weimarische Malerin Louise Seidler erzählt in ihren Memoiren, mit
welchen Schwierigkeiten ihre Freundin Maria Ellenrieder zu kämpfen
gehabt.
Der Direktor Langer in München habe sich auf keine Weise herbeilassen

26 Lucia Anguissola (Cremona? – 1565 Cremona?):
Porträt des Arztes Pietro Maria aus Cremona.
Madrid, Prado.

28 Sofonisba Anguissola: Bildnis ihrer Schwester Lucia.
    Rom, Galleria Borghese.

27 Sofonisba Anguissola: Pietà. *Mailand, Brera.*

29   Lavinia Fontana (1522 Bologna – 1614 Rom):
      Gruppenporträt einer Cremoneser Adelsfamilie.

Lavinia Fontana: Jesus und die Samariterin.
Nationalmuseum Neapel.

31 Elisabetta Sirani: Lucretia.
Rom, Galleria Borghese.

32 Artemisia Gentileschi: Judith mit dem Haupt des Holofernes.
Florenz, Palazzo Pitti.

33   Artemisia Gentileschi: Lautenspielerin. *Rom, Galleria Spada.*

wollen, Maria Ellenrieder [in die Akademie] aufzunehmen, bis endlich nach langer Zeit ihre Tränen, unter denen sie ihm vorstellte, wie ihre Taubheit sie zu jedem anderen Berufe unfähig mache, sein Herz erweichten.
Maria mit gutem Gehör hätte verhungern können! ... Gleich Bettlern scheinen Frauen einiger Gebresten zu bedürfen, um das öffentliche Mitleid zu erregen und damit man ihnen Lehre und Unterricht als ein Almosen hinwerfe.
Louise Seidler erzählt ferner, daß ihr Vater, ein kluger Mann, die theuren Mal-Lektionen für sie nicht bezahlen wollte, und sie mußte nähen, sticken oft bei Nacht, zu jämmerlichen Preisen, und auf diese Weise erwarb sie sich das Geld für den Unterricht. Sobald aber ihr Lehrer eine Nebenbuhlerin auf dem Gebiete der Porträtmalerei in ihr argwöhnte, kündigte er ihr die Stunden auf...«[16]

Soweit Hedwig Dohms Bericht.

Wir Kunststudentinnen der 60er Jahre mußten zwar keine Tränen vergießen und keine Gebresten aufweisen, um den Zutritt zur Akademie gewährt zu bekommen. Es sah damals so aus, als werde uns Lehre und Unterricht nicht bloß als Almosen zuteil. Oberflächlich betrachtet, schienen wir gleichberechtigt zu sein. Wie wenig wir dies tatsächlich waren, da die Kunst und ihre Geschichte, ihre Bewahrung und ihre Vermittlung ausschließlich von Männern verwaltet und weitergereicht wurde und nur eine ausschließlich männliche Sicht der Dinge zuließ, dies zu erkennen und zu beschreiben begann die feministische Analyse erst zehn Jahre nach Beendigung meiner Studienzeit.

Wie sahen die Chancen für selbständige Künstlerinnen aus, wenn sie die Hochschulen und Akademien verließen, um in einen Wettbewerb einzutreten, dessen Strukturen und Gesetze den meisten von ihnen vollkommen unbekannt waren? Damals gab es für bildende Künstler noch keine Vertragsmuster, die hinsichtlich der Ausstellungspraxis wenigstens eine Orientierung geboten hätten, vergleichbar dem Normvertrag für Autoren und Verlage.

Als ich den Versuch unternahm, meine während des Studiums begonnene Arbeit als ›freie‹ Künstlerin fortzusetzen, begab ich mich in einen Galerie- und Kulturbetrieb, dem gegenüber ich gänzlich ungeschützt war und bei dem mich keinerlei hilfreiche Beziehungen, keinerlei finanzielle Rückendeckung unterstützten. Daß ich es als Frau in diesem undurchschaubaren Geschäft besonders schwer haben würde, ahnte ich, welcher Art aber diese Schwierigkeiten sein würden, wußte ich nicht.

Ich wußte weder, was ich für meine Arbeit fordern konnte, noch aus welchem Grund ich meine Forderungen durchzusetzen so unbeschreibliche Hemmungen hatte. Es war mir rätselhaft, weshalb Preise für Kunstwerke derart unvergleichbare Unterschiede aufwiesen, weshalb dieselben Summen einmal für größenwahnsinnig, ein anderes Mal für akzeptabel oder sogar für erstaunlich niedrig gehalten wurden.

Ich wußte, daß es viele Künstler gab, deren Arbeit zu ihren Lebzeiten trotz (oder auch gerade wegen) ihrer besonderen Qualität nicht anerkannt und damit auch nicht honoriert worden war, so daß sie in äußerst bescheidenen Verhältnissen, wenn nicht in Armut lebten. Dennoch machte ich, angesichts meiner eigenen kärglichen Einkünfte, eher die noch nicht erreichte Qualität verantwortlich als das undurchschaubare Dickicht des Kunstmarkts. Noch weniger ahnte ich allerdings, daß niedrige Preise bei Malerinnen etwas mit dem Geschlecht der Urheberin zu tun haben könnten.

Der Nachweis für diese Tatsache wurde von den Autoren des Künstlerberichts der Bundesregierung von 1975, Karla Fohrbeck und Johannes Wiesand erbracht. Sowohl die von Frauen erzielten Preise für ihre Kunstwerke als auch ihre monatlichen bzw. jährlichen Einkünfte liegen signifikant unter denen der Männer. »Das Jahresbruttoeinkommen männlicher Künstler übersteigt das der Frauen um 71,8 v. H. – bei selbständigen Künstlern sogar um 80 v. H.«, sagt Dieter Lattmann und folgert: »Auch Künstlerinnen sind in der Leichtlohngruppe.«[17]

Unter den 100 höchstdotierten zeitgenössischen Künstlern, jener ›happy few‹ mit internationaler Reputation, befindet sich erst an fünfzigster Stelle eine Frau, die einzige überhaupt in dieser Weltrangliste, Hanne Darboven, deren Ausgangsposition als Tochter sehr reicher Eltern ohnehin ungewöhnlich genug war.

»Frauen schneiden, wie aus anderen Gesellschaftsbereichen geläufig, ›natürlich‹ auch beim Preise-Wettstreit nicht besser und also in der nationalen Prominenz mit nur 11 % ab.«[18]

Etliche Jahrgänge hindurch gab es unter den Stipendiaten des angesehenen Villa-Massimo-Preises keine Frauen, insgesamt liegt ihr Anteil bei etwa 10 %.

Amerikanische Feministinnen untersuchten vor einiger Zeit das Verhalten der Galerien gegenüber Frauen. Sie stellten Mappen mit Arbeiten verschiedener Künstlerinnen zusammen und besuchten damit angesehene Galerien, die jedoch kein sonderliches Interesse zeigten. Mit Arbeiten derselben Künstlerinnen wurden später Männer zu den Galerien geschickt, deren Geschäftsführer nunmehr Pläne für Ausstellungen entwickelten, lobende Stellungnahmen abgaben und den Wunsch nach Zusammenarbeit äußerten.

Mangelndes Durchsetzungsvermögen, dieses als Geschlechtseigenschaft apostrophierte Hindernis im Arbeitsleben, erschwert Frauen zusätzlich ein selbstbewußtes Auftreten, wenn sie in Verhandlung mit Kulturfunktionären, Galerien, Sammlern, Museen ihre Arbeit präsentieren.

Die psychologische Zwangslage, in der sich Frauen befinden, die sich in das ihnen besonders feindliche Leben hinauswagen, besteht in zwei einander ausschließenden Verhaltensverpflichtungen. Als Frauen sollen sie alle jene Eigenschaften besitzen, die amerikanische Psychologen in der 1972 von Broverman erstellten Untersuchung als für sie wünschenswert beschrieben. Diese Eigenschaften entsprechen nicht denjenigen, die ein psychisch gesunder Mensch aufweisen sollte. Die von jenen Psychologen für einen psychisch gesunden Menschen als erstrebenswert erachteten Eigenschaften sind vielmehr solche, die ihrer Meinung nach ein psychisch gesunder Mann haben sollte. Angelika Wagner faßt in ihrem Aufsatz »Vorurteile gegenüber Frauen als Beispiele für eine nichtbewußte Ideologie« das Ergebnis der Broverman-Studie folgendermaßen zusammen:

»Das Bild einer psychisch gesunden Frau jedoch wich in wesentlichen Punkten sowohl von dem des psychisch gesunden Menschen als auch des psychisch gesunden Mannes ab. Dies bedeutet nichts anderes, als daß nach Ansicht der Experten viele der in einer Frau erwünschten Eigenschaften die eines neurotischen Menschen sind. Weiblich sein heißt krank sein – oder: krank sein bedeutet weiblich sein.« [19]

In der Öffentlichkeit müßten Frauen aber gerade in besonderem Maß über jene Eigenschaften verfügen, die gemeinhin als männlich gelten, weil sie sich nicht nur als Individuen in Zusammenhängen behaupten müssen, die auch Männern zu schaffen machen. Sie müssen sich zusätzlich gegen jene unausrottbaren Vorurteile durchsetzen, die Frauen mangelnde Intelligenz, Originalität, Kreativität etc. unterstellen.

Wenn einem Mann der Verdacht zugemutet wird, er sei kein richtiger Mann, sei unmännlich, kann er bei den Fachleuten der Seelenkunde auf Verständnis hoffen. Identitätskrisen, Blockierung der Kreativität – selbst Grausamkeiten gegenüber der ihn so verdächtigenden Umwelt werden ihm zugestanden. Der Anspruch, daß seiner darniederliegenden Psyche aufgeholfen werde, ist gerechtfertigt. Er bedarf der Stützung seines Ichs, der Hilfe bei der Suche nach der verlorenen Identität. Nicht so die Frau. Sie muß sich den Vorwurf gefallen lassen, in ihrer Selbstsucht zu weit gegangen zu sein. Ihrem Ich soll nicht auf, sondern vielmehr abgeholfen werden, denn die Frau, so hatte der Geschlechtskundler Weininger schon um die Jahrhundertwende festgestellt, hat kein Ich.

Eleanor Maccoby und Carol Nagy Jacklin haben in ihrer »Psychology of Sex Differences« 1973 unterschiedliche Selbsteinschätzungen von Heranwachsenden beschrieben. Sie weisen nach, daß Jungen sich häufiger in positives Licht stellen als Mädchen und häufiger versuchen, die Aufmerksamkeit auf sich zu lenken und Glück oder Erfolg als Ergebnis eigener Leistung verstehen, hingegen:

»Gute Dinge, die einer weiblichen Person... widerfuhren, waren eine Folge der Initiative anderer, oder erwuchsen einfach aus der Situation. [College-Studenten zeigten]... größeres Selbstvertrauen bei der Inangriffnahme neuer Aufgaben und mehr Machtgefühl; man ist der festen Meinung, man könne den Ausgang einer Reihe von Ereignissen bestimmen, an denen man beteiligt ist.«[20]

Männer, so ergab die Untersuchung weiterhin, neigen dazu, erfolgreiche Erfahrungen als Indikator für künftige Erfolge zu benutzen, rechnen häufiger als Frauen damit, gut abzuschneiden und beurteilen ihre Leistungen positiver, während Frauen eher befürchten, sich zu verschlechtern, statt zu verbessern.

Frauen tendieren dazu, Mißerfolge zu erwarten, während sie gute Leistungen weniger ihren Fähigkeiten zuschreiben, sondern sie dem Zufall oder dem Glück zu verdanken meinen. Dagegen schätzen sie Verlieren und Enttäuschung als Ergebnis eigener Handlung ein.

Maccoby und Jacklin stellten ferner fest, daß Jungen weit geselliger sind als Mädchen, mit mehr Personen und Kameraden in Wechselbeziehung treten, sich in Gruppen und Mannschaften unterstützen, einander in ihrem jeweiligen Rang innerhalb ihrer Spielgruppen bestätigen und sich mit den Problemen von Hierarchie und Dominanz unter ihresgleichen auseinandersetzen.

Jungen erleben schon während ihres Heranwachsens die Strukturen und Verflechtungen des gesellschaftlichen Lebens – nicht als ein undurchschaubares Gewirr, so wie sie etwa die Erwachsenensphäre einschätzen würden, sondern als ein Betätigungsfeld, in dem sie spielend jene Verhaltensweisen lernen, die die Selbstbehauptung im späteren Leben ermöglichen. Sie bewegen sich als Erwachsene dann auf vertrautemBoden, denn deren Rangspiele, Auseinandersetzungen, Dominanzen und Verständigungen haben keinen grundsätzlich anderen Charakter als jene Spiele, die sie in der Kindheit gespielt hatten.

Mädchen werden dagegen »von der Straße« ferngehalten und zu Häuslichkeit und Hilfsbereitschaft gegenüber Erwachsenen angehalten. Sie sind damit zumeist mächtigen Autoritäten gegenübergestellt, gegen die sie kaum die Chance haben, sich zu behaupten – Mißerfolge, Rückzug, Selbstzweifel erleben sie in dieser Sphäre häufiger als Erfolge. Der ungleiche Rang zwischen Erwachsenen und Kindern, dem Mädchen öfter als Jungen in ihrem täglichen Leben ausgesetzt sind, verhindert die Entwicklung von realistischem Selbstbewußtsein und ruft Autoritätsängste hervor.

In die späteren sozialen Auseinandersetzungen im Erwachsenenleben treten Mädchen dann fremd und »ungeübt« ein.

Sie haben lediglich gelernt, daß sie gefällig und liebenswürdig sein sollen. In der Kindheit bedeutet der Verlust an Zuneigung seitens der Eltern eine massive Bedrohung. Daß man als erwachsener Mensch auch ab und zu unliebenswürdig sein und es ertragen muß, Mißfallen erregt zu haben, trifft gerade Frauen unvorbereitet und läßt ihre Versuche, sich durchzusetzen, zu lebensbedrohenden psychischen Konflikten werden. Der Outsider-Existenzkampf ist für Künstlerinnen doppelt schwer: fast immer in völliger Vereinzelung haben sie sich nach Regeln zu verhalten, die nur die eine Hälfte der Geschlechter zu beherrschen gelernt hat und die zu beherrschen der anderen Hälfte nicht zugestanden wird.

Wie Mann sich bettet

*Frauen haben über Jahrhunderte hinweg als Spiegel
gedient, mit der magischen und köstlichen Kraft, das
Bild des Mannes in doppelter Größe wiederzugeben...
Deshalb bestehen (Männer)... so nachdrücklich auf der
Unterlegenheit der Frauen, denn wenn sie nicht unterlegen
wären, würden sie aufhören, zu vergrößern... Das
Spiegelbild ist von äußerster Wichtigkeit, weil es die
Lebenskraft aufläd: es stimuliert das Nervensystem.
Nimm es ihnen weg, und die Männer sterben wie der
Drogenabhängige, dem man sein Kokain entzieht.*

Virginia Woolf

Eines schönen Tages besuchte ich einen Maler, den ich schon lange
kannte. Er schlug sich ebenso mühsam durch wie ich, hatte sich
keiner Mode angepaßt, und sein Können schreckte jeden Epigonen
ab, so daß er weder einer Schule angehörte noch eine bildete. Die
Einordnung seiner Arbeit bereitete daher Schwierigkeiten – aus
diesem Grunde unterblieb sie, und man hörte wenig von ihm. Eine
Kunst, die sich entfernt von gängigen Richtungen oder Mo-
den, macht Rezensenten leicht verlegen und veranlaßt zu Unter-
schätzungen. Innerhalb einer Generallinie das Spezifische eines
Künstlers festzustellen ist dagegen weniger schwierig, weil ein
Orientierungsrahmen bereits vorgegeben ist. Fehlt er, so bietet er
der interpretatorischen Fähigkeit wenig Boden – ein Hindernis für
die Präsenz in den Medien.
Dieser Kollege besaß einen Charakter, der seiner Karriere nicht gerade förderlich war. Er war ziemlich uncharmant und wortkarg,
Partys und Vernissagenschnack waren ihm ein Greuel. Man sah ihn
nie auf solchen Veranstaltungen. Außerdem hatte er Schwierigkeiten, sich auszudrücken und über seine Arbeit zu sprechen. Sie zu
interpretieren oder jemandem anzudienen, war ihm unmöglich.
In seinem Atelier herrschte ein unglaubliches Chaos aus ungeordne-
ten Arbeiten, Schmutz und den stummen Beweisstücken für seinen
offenbar beträchtlichen Alkoholkonsum. Sie vermischten sich mit
am Boden verstreuten Kleidungsstücken und Bettzeug, abgegesse-

nen Tellern und allerhand Lebensmitteln, zwischen denen seine Farben, Firnisse, Pinsel und anderes Arbeitsgerät, Skizzen, Leinwände, angefangene Bilder herumlagen.

Aus einer bis obenhin mit Skizzen und Zeichnungen gefüllten Truhe
fischte er ein Blatt heraus, um es mir zu zeigen. Tausende solcher
Pinzelzeichnungen mußte er gemacht haben. Ich versuchte mir vor-
zustellen, ein Galerist oder Sammler würde in diesem Durcheinan-
der herumstolpern. Wie würde ein Verkaufsgespräch oder eine Verhandlung über eine Ausstellung wohl vor sich gehen in dieser
Umgebung?

Der Galerist säße vielleicht auf einem flüchtig gesäuberten Stuhl, ein
Schnapsglas stünde vor ihm auf dem Fußboden. Das Chaos nahm
der Umgebung die Privatheit – weil es so vollkommen war. Es paßte
ins Bild vom Bohemien, vom »armen Poeten« und war aus diesem
Grunde salonfähig.

Wie wäre es, wenn *ich* in einer solchen Unordnung jemanden empf-
finge? Mein ungemachtes Bett würde vermutlich nicht so ohne weiteres akzeptiert werden. Wenn ich mich derart verkommen ließe –
ich, eine Frau –, welchen Eindruck würde das machen? Ein Chaos
bei mir würde meiner Umgebung die Privatheit nicht nehmen, sondern es würde mich als Schlampe erscheinen lassen und mir eine
Blöße geben. Es würde, so vermute ich, meine Arbeit abwerten.

Um respektiert zu werden, ist eine Künstlerin immer noch gezwungen, sich als Dame der Gesellschaft zu präsentieren und damit einem
sozialen Muster zu entsprechen, das von den Malerinnen vor der
französischen Revolution und von den Frauen der literarischen Salons geprägt worden war.

»Wir müßten einen Bedienten haben und eine Magd – das Decorum erfordert es… Ich muß meinen Charakter nicht nur allein mit meiner Arbeit
sutenieren, all übriges muß darnach eingerichtet sein – mit einer gewissen
Propertet, die heutzutage sehr notwendig ist, wenn man sich distinguieren
will. Die vornehmsten Damen kommen ins Haus, zu sitzen, mich zu besuchen – oder meine Arbeit zu sehen; in einem schlecht eingerichteten Haus
dörfft ich Leut von solchem Range nicht empfangen. Mein gegenwertige
Einrichtung ist ordentlich…«

schreibt Angelika Kauffmann am 11.7.1766 aus London an ihren
Vater. Der Vater, einsichtig, antwortet später:

»Die erlauchten Personen, die dich besuchen, werden umso lieber kommen,
je behaglicher sie sich bei dir fühlen.« [21]

Obwohl ich diesem Ideal in keiner Weise nahe kommen konnte, versuchte ich doch, dem Anspruch auf ›eine gewisse Propertet‹ so weit wie möglich zu genügen. Aber ich konnte meinen Kollegen nur allzugut verstehen. Wenn ich mit den Dingen beschäftigt war, die sich auf Leinwand oder Zeichenblock taten, hatte ich nicht die geringste Lust, mich um meinen Haushalt zu kümmern.

In solchen Zeiten intensiver Arbeit, nach einem Tag, an dem ich mit keinem Menschen geredet hatte, wollte ich oft am späten Abend noch unter Leute gehen, belanglose Gespräche führen, etwas essen und trinken, wie dies mein Freund mit größter Selbstverständlichkeit tun konnte.

Doch auf diese nun wirklich nicht gerade extravagante Abwechslung habe ich bald verzichtet. Zuprostereien und Anzüglichkeiten in der Kneipe bedeuteten für mich psychische Anstrengung statt der Entspannung, die ich brauchte. Sie widerten mich an.

Der Nachhauseweg war eine weitere Strapaze.

Die wahrlich bescheidene Erholung durch einen nächtlichen Kneipenbesuch ist Frauen offenbar nicht vergönnt, und zwar nur, weil sie Frauen sind. Daß ihnen solche kleinen Freizügigkeiten nicht zugestanden werden, ist alles andere als harmlos, denn es bedeutet eine gröbliche Verletzung ihrer Autonomie und beleidigt ihre sexuelle Identität. Die vielen kleinen erzwungenen Verzichtleistungen dieser und ähnlicher Art, von denen alle Frauen betroffen sind, dienen dazu, sie darüber zu belehren, daß sie in einer Geschlechts-Apartheid leben und von den Launen der Männer abhängig sind. Die künstlerische Arbeit verlangt jedoch das genaue Gegenteil von Verzicht, Rückzug und Abhängigkeit, so daß eine Häufung solcher Erfahrungen für die künstlerische Produktivität der Frauen bedrohlich werden kann.

Meinen Kollegen traf ich nach längerer Zeit wieder. Er hatte sich sehr verändert und sah vor allem weniger heruntergekommen aus. Auch seine Umgebung bot nun ein völlig anderes Bild: sie war gepflegt und strahlte eine wenn auch bescheidene Wohlhabenheit aus. Einige seiner Zeichnungen hingen neben Bildern schön gerahmt an der Wand. Des Rätsels Lösung: er war inzwischen verheiratet. Seine Frau war berufstätig und brachte regelmäßig Geld nach Hause. Darüber hinaus widmete sie sich offenbar sehr umsichtig dem Wohlbefinden und dem Erfolg ihres Mannes.

Wir fachsimpelten ein bißchen, während sie uns mit Kaffee und belegten Brötchen versorgte. Wir sprachen über Ausstellungen, Erfolge, Mißerfolge, Pläne, unsere Kunst und die der Freunde. Es war ein angenehmes Gespräch in einer anregenden behaglichen Umgebung. Mein Kollege war weniger schweigsam als früher, sondern zeigte sich umgänglich und lebhaft. Die deutlich spürbare Bewunderung seiner Frau tat ihm wohl.

Später kamen weitere Künstler mit ihren Freundinnen. Nach kurzer Zeit hatte sich die Gruppe in zwei Lager gespalten: die Maler, die laut, lachend, ironisch von sich und ihrer Arbeit sprachen – und die Frauen, die staunend und beifällig lauschten.

War ich eben noch gleichrangige Kollegin gewesen, so gehörte ich jetzt zur Schar des weiblichen Publikums. Ich war nicht mehr Künstlerin, sondern nur noch Frau, und als Frau hatte ich nichts zu sagen. Ich verstummte immer mehr, weil ich keine Lust hatte, mit bewundernden Bemerkungen die Selbstdarstellung der Männer anzuspornen.

Früher als geplant verabschiedete ich mich.

Mein Kopf war leer, und ich empfand mich als plump, unwissend, phantasielos und stumpfsinnig – ganz anders, als bei meinem letzten Besuch. Damals war ich angeregt gegangen, trotz (oder wegen) des chaotischen Durcheinanders im Atelier meines Gastgebers und der Gleichgültigkeit, mit der er alles behandelte, was nichts mit seiner Arbeit zu tun hatte. Ich hatte mich anerkannt gefühlt, war gleichrangige Partnerin in den Auseinandersetzungen um die Probleme der Kunst gewesen. Dies hatte mich inspiriert und belebt und mich mit einem wunderbaren Zutrauen zu mir selbst erfüllt. Auf dem Nachhauseweg hatte ich über seine Bemerkungen zur Malerei nachgedacht – über die technischen Tricks und Raffinessen, die er mir erklärt hatte, über seine Einschätzung der gegenwärtigen Situation in der Kunst. Zuletzt hatten wir, euphorisiert durch seinen vorzüglichen Wodka, ein intensives kunstphilosophisches Gespräch geführt, und am nächsten Tag hatte ich mich mit Begeisterung an meine Arbeit gemacht.

Diesmal fühlte ich mich elend. Neid, Empörung und tiefe Niedergeschlagenheit erfüllten mich. Ich beneidete diesen Freund, und er gehörte ja nun wirklich nicht zu denjenigen Künstlern, die einen rücksichtslosen Genie- und Personenkult um sich selber treiben und ihre Umgebung dazu benutzen, ihnen ununterbrochen Beifall zu spenden, im Gegenteil: er war eher skeptisch und bescheiden und von großer Aufrichtigkeit in seiner Arbeit, was das Künstlerleben nicht unbedingt erleichtert. Seine Erfolge waren unverdient mäßig und seine materiellen Verhältnisse trotz des Einkommens seiner Frau nicht viel besser als meine eigenen. Und doch beneidete ich ihn, denn er besaß eine Freiheit, die für mich unerreichbar war und von der er noch nicht einmal wußte, daß er sie besaß – so selbstverständlich war sie für ihn. Er hatte sich vernachlässigt, war versoffen und ungepflegt gewesen und hatte dennoch ein Weib gefunden, das sich daran offenbar nicht gestört hatte. Er ließ sich seelenruhig die Fürsorge seiner Frau angedeihen und konnte mit seinen Kollegen vergnügt zum geistigen Salto mortale ansetzen – über dem Netz, versteht sich, das die weiblichen Assistentinnen stets gespannt halten.

Eine Frau, die ihr Äußeres mit Gleichgültigkeit behandelt, hat nicht die mindeste Aussicht, irgendwann von einem verständnisvollen Mann geliebt, gehegt und umsorgt zu werden. Eine Frau kann es sich nicht leisten, zeitweise so selbstvergessen in die Arbeit einzutauchen, daß ihre physische Existenz und Umgebung dabei zu kurz kommt – nicht aufgrund ihrer biologischen Beschaffenheit, etwa weil sie in höherem Maß Körper-Wesen wäre als der Mann. Es handelt sich vielmehr um ein äußerst wirkungsvolles soziales Gesetz, das zum Naturgesetz erklärt worden ist, mit dem Zweck und dem Effekt, die Kräfte der Frauen an kleinliche Äußerlichkeiten zu binden, sie in Distanz zu sich selbst zu halten und sie dazu zu zwingen, sich permanent zu kontrollieren. Dies hält sie in Abhängigkeit von ihrer Umgebung, die die Verweigerung dieser Selbstkontrolle sofort mit dem Entzug von Sympathie bestraft und solchen Frauen die Integration in die soziale Gemeinschaft verweigert.

Ein versoffenes weibliches Genie?

Eine ungepflegte Frau in verschlampter Umgebung, sich laut über die Szene verbreitend?

Eine Frau mit nikotinschwarzen Zähnen, obszöne Anekdoten von Liebhabern und Modellen erzählend?

Die Ungleichheit der geschlechtsspezifischen Standards verlangt von Frauen Mäßigung und Zurückhaltung auf allen Ebenen der Lebensäußerung und mißt ihr Erscheinungsbild an seiner möglichen Wirkung auf Männer. Ob und wie hingegen die äußere Erscheinung der Männer auf Frauen wirkt, gilt als bedeutungslos, weil die Meinung von Frauen nicht zählt. In der allgemein akzeptierten Auffassung, ein Mann brauche nicht schön zu sein (oder auch, er brauche sich nicht zu pflegen), verbirgt sich die misogyne Einstellung, es komme nicht darauf an, daß eine Frau am Anblick eines Mannes

Gefallen finde, sondern allein darauf, daß sie ihm gefällt. Damit ist die Frau dem Blick des Mannes preisgegeben und zugleich wird ihre eigene Anschauungslust unterdrückt. Es ist klar, daß dies für die Möglichkeiten der Frauen, sich die Welt visuell anzueignen, von großer Bedeutung ist. Diese Beschränkung hat eine unmittelbare Wirkung auf ihre künstlerische Arbeit, ganz abgesehen davon, daß die Verengung ihrer erotischen Selbstbestimmung der selbstbestimmten Arbeit und Entscheidungsfähigkeit in der Kunst ja ohnehin nicht gerade förderlich ist.

Die den Frauen auferlegte Zurückhaltung kehrt sich auf allen Ebenen gegen sie selber, denn sie dient, wo sie ihr entsprechen, als Beweis für ihre Bedeutungslosigkeit. Wo sie sich ihr aber widersetzen, provozieren sie das Schimpfwort, mit dem ihre als allen verfügbar gedachte Sexualität zum alleinigen Merkmal ihrer Person verkommt: Schlampe, Hure.

Nur wenn Frauen unter sich sind, entfalten sie zuweilen ihren Witz, ihre sprachliche Brillanz und Selbstironie, ihre Lust an philosophischen Analysen, ihre Lust am Denken und an verbaler Selbstdarstellung. Doch entbehrt diese weibliche Selbstdarstellung der stimulierenden erotischen Spannung, von der die männliche inspiriert und getragen ist. (Es sei denn, sie findet unter lesbischen Frauen statt. Die meisten Frauen, auch die meisten Künstlerinnen sind jedoch heterosexuell orientiert.) Männlicher Geist ruht eingebettet in die Bewunderung der Frauen, und Frauen haben zu allen Zeiten geistreiche Männer auf vielerlei Weise gefördert. Doch haben geistreiche Frauen ihrerseits nur äußerst selten eine solche, vom Intellekt getragene erotische Zuwendung erfahren; im Gegenteil. Zur Zeit erregen Frauen, deren Horizont etwas weiter ist, als für ihr Geschlecht vorgeschrieben, bei Männern Abwehr statt Zuneigung, um nicht zu sagen Aggression oder Abscheu. Anerkennung wird ihnen eher für geistige Selbstverleugnung zuteil. Gerade Künstlerinnen und intellektuelle Frauen überhaupt werden dadurch in die Einsamkeit getrieben. Aber ihre Einsamkeit hat kein Prestige, wie etwa die männliche, die vom Mythos des einsamen Genies umstrahlt ist.

Weibliche Einsamkeit gilt gemeinhin als Verschulden, als Beweis für Unattraktivität und verfehlte weibliche Entwicklung. Eine ›richtige‹ Frau kann nicht einsam sein, weil ›richtige‹ Frauen solche sind, die von Männern begehrt werden und in Beziehung mit Männern leben. Obwohl viele Frauen nur deswegen allein leben und auf Beziehungen zu Männern verzichten, weil sie Interessen und Lebensvorstellungen haben, die von Männern an Frauen nicht akzeptiert werden (dies sind eben jene, die außerhalb der weiblichen ›Rolle‹ liegen), gilt für sie durchaus nicht die Freudsche Sublimationstheorie, derzufolge kulturelle Leistungen aus Triebverzicht resultieren. Bei Frauen wird daher die künstlerische Betätigung zur Kompensation für die Mängel, die ihre Weiblichkeit haben muß, da sie sich ja nicht an die für Frauen geltenden Vorschriften halten. Bei ihnen wird die Sublimationstheorie damit ins genaue Gegenteil verkehrt und daraus folgt: nicht Triebverzicht überhaupt, sondern männlicher Triebverzicht bringt Kultur hervor. Freud hat sich gegen mögliche Einwände gut abgesichert, und von diesem profunden Kenner der weiblichen Seele ist denn auch zu erfahren, daß Frauen zur Sublimation deswegen unfähig sind, weil sie Triebverzicht gar nicht leisten können, da sie ja überhaupt keinen Trieb haben.

Aber stimmt seine Theorie eigentlich für Männer? Welche exorbitanten Kunstwerke sind denn aus zölibatären Männergruppen bislang hervorgegangen? Seit den Zeiten der Buchkunst irischer Klosterbrüder sind Mönche ziemlich selten unter den Künstlern. Hingegen hat selbst der arme Van Gogh von seinem Bruder wenigstens soviel Geld erhalten, daß er sich ab und zu eine Hure leisten konnte. Gauguin hat auf der idyllischen Insel Tahiti durchaus nicht wie ein Asket gelebt, von Picassos Affären zu schweigen, und auch zu schweigen von Künstlern früherer Jahrhunderte, wie Rubens, Rembrandt, Caravaggio oder Poussin, deren Kunst deutlich genug Zeugnis davon ablegt, daß sie Sexualität nicht bloß vom Hörensagen kannten. Nur von Mondrian ist bekannt, daß er ziemlich enthaltsam gelebt hat. Ob dies seiner Kunst zugute kam, ist sicher nicht mit einem entschiedenen Ja zu beantworten. Aber, daß es nicht an ihm als Mann gelegen haben kann, entnahm ich einem biographischen Text, in dem es hieß, dem ›Flug des Adlers‹ habe ›das Geflügel‹ (Gänse oder Hühner, resp. Frauen) nicht folgen können.

Viel eher als dem Triebverzicht ist die männliche Kreativität der Tatsache zu verdanken, daß Männer eben gerade nicht auf die Befriedigung ihres Sexualtriebs verzichtet haben. Die den Frauen seit Jahrtausenden aufgezwungene Beschneidung und Einengung ihrer erotisch-sexuellen Entfaltung dagegen behindert die Entwicklung weiblicher Kreativität nach wie vor – von all den anderen gravierenden Einschränkungen einmal abgesehen.

Frauen, die als Künstlerinnen oder Wissenschaftlerinnen einen Lebensweg gewählt haben, der außerhalb des patriarchalen Weiblichkeits-Klischees liegt, leben in weit größerer Zahl allein, als unsere munter-verlogene Sexgesellschaft das zugibt. Und sie haben ihren Lebensweg nicht deswegen gewählt, weil sie allein blieben, sondern sie leben deshalb allein, weil sie andere Kompetenzen und Befugnisse beanspruchen, als für Frauen vorgesehen sind.

Hierfür werden sie mit Isolation und sozialem Außerseitertum bestraft. Anders als der Künstler, der sich mit dem geheimnisvollen Image der Einsamkeit umgibt, obwohl oder vielleicht auch gerade weil ihm in den meisten Fällen eine Frau im Hintergrund zur Seite steht, werden Frauen in der Öffentlichkeit noch immer nicht allein geduldet, und es stehen ihnen keine Möglichkeiten der Kompensation zur Verfügung, die denen der Männer vergleichbar wären. Nach wie vor sind sie nur in Begleitung eines Mannes vor diskriminierender Behandlung einigermaßen sicher. Allerdings wäre ein Mann als Begleiter der Künstlerin, als umsichtiger Helfer und Verhandler, der die Drinks bei den Verkaufsgesprächen mixt oder schnell diskret Kaffee macht, auf ein noch nicht gezeigtes Blatt lobend hinweist, eine noch nicht genug gewürdigte Arbeit noch einmal hervorholt oder mit Takt und diplomatischem Geschick Ausstellungserfolge hier oder dort erwähnt, vermutlich allen Beteiligten eher unangenehm. Er würde als unmännlich angesehen werden – oder man würde vermuten, er manage sie aus anderen Gründen als aus Kunstbegeisterung. Es ist denkbar, daß eine Frau sich durch solchen Einsatz verpflichtet glaubt, diese Art Förderung in irgendeiner Weise abgelten zu müssen, oder der Mann meint, Ansprüche an sie haben zu dürfen – sofern er sich zu einer solchen Rolle überhaupt hergibt. Diese Umkehrung des Üblichen dürfte allerdings kaum je irgendwo vorkommen. Das »Normale« ist die Regel.

Die Gedanken eines Mannes reflektierend, ihm antwortend, ist die Frau willkommen. Wie dieses Gesetz im Bereich der Kunst gilt, so auch in den persönlichen Beziehungen im allgemeinen.

Tritt sie als Muse eines berühmten Künstlers auf, so wird sie mit sozialer Anerkennung belohnt. Achtung und Erfolg, die der Mann mit seiner Kunst erringt, werden auf sie übertragen. Sie nimmt teil an seinen Ehrungen, ist Adressatin und Gesprächspartnerin in den Zirkeln, die sich um ihn scharen, anders als die Kollegin, die mit eigener Arbeit versucht, sich in den Wettbewerb zu begeben.

Es ist wie in der hohen Politik, wo Gattinnen von Ministern oder Spitzenfunktionären auf entsprechenden Veranstaltungen mehr Prestige genießen als die wenigen weiblichen MdB's oder Fraktionsmitglieder, die sich durch eigene politische Arbeit mühsam ihre Posten erkämpft haben. Die Karriere-Begleiterinnen erhalten automatisch den Status ihrer Männer, unabhängig davon, in welchem Maße dieser sich auch ihrer Arbeit verdankt. Weil es für eine Frau viel schwerer ist, für eigene Verdienste anerkannt, statt an denen ihres Gefährten gönnerhaft beteiligt zu werden, findet sie in der Kunstgeschichte eher als Lieblingsmodell ihren Platz denn als Künstlerin. (Wäre Charlotte Berend-Corinth, Lovis Corinths Frau und eine zu unrecht vergessene Malerin, eine Muse à la Gala Dali gewesen, vielleicht wäre uns ihr Name geläufiger.)

Die Achtung, die man einem Eckermann zollt, kommt einer Frau mit gleichen Verdiensten nicht zu. Ihre Arbeit, für den Erfolg des Mannes häufig Voraussetzung, bleibt im Hintergrund und verschwindet hinter seiner Person.

Künstlerwitwen, oft belächelt und diffamiert, sobald sie Ansprüche auf das Werk ihrer Männer erheben, haben vermutlich in den meisten Fällen mehr Anrecht darauf als Nachlaßverwalter, die die Öffentlichkeit in eigenem Interesse glauben machen wollen, das Erbe sei nun Besitz der Allgemeinheit.

Mag sein, daß die unaufhörliche Behinderung und die Indienstnahme ihrer Person für die Produktivität des Künstlers im nachhinein zuweilen uneingestandene Rachegefühle mobilisieren. Die Witwen sind nach dem Tod ihrer Gefährten Schlüsselfiguren zu deren Leben und Werk. Manchen wird die öffentliche Bedeutung, die ihnen mit dieser Rolle zuwächst, zur Kompensation ihrer lebenslangen Zurückstellung dienen.

Aber die meisten Künstlerwitwen haben verdienstvollen Anteil an einem besonderen Bereich der Kunstgeschichtsschreibung. Vielfach haben sie Nachlässe sorgfältig verwaltet oder veranlaßt, Briefwechsel, Tagebücher, Selbsteinschätzungen von Künstlern der Nachwelt zu öffnen. Ihr Beitrag innerhalb der kunsthistorischen Überlieferung ist weiterhin unterschätzt.

Nutznießer solcher traditionsstiftenden Aktivität seitens eines Lebensgefährten jedoch waren bislang fast ausschließlich Männer.

Eine andere, nicht zu unterschätzende Art der Förderung kommt einem Großteil der zeitgenössischen Künstler zugute: die Gleichberechtigung gestattet ihren Lebensgefährtinnen inzwischen Berufstätigkeit und regelmäßiges Einkommen. Für sie heißt das Rückendeckung in schöpferischen Pausen und sorgloses Experimentieren.

Erbschaftsangelegenheiten

*Liebe Clara Westhoff, ... wie mir scheint, haben Sie viel
von Ihrem alten Selbst abgelegt und als Mantel gebreitet,
auf daß Ihr König darüber schreite. Ich möchte für Sie,
für die Welt, für die Kunst und auch für mich, daß Sie
den güldenen Mantel wieder trügen.*

*Lieber Rainer Maria Rilke, ... ich glaube, es ist nötig,
daß ich gegen Sie hetze. Und ich möchte ... gegen Sie
hetzen und Ihre schönen bunten Siegel, die Sie nicht
nur auf Ihre feingeschriebenen Briefe drücken.*

Paula Modersohn-Becker
in einem Brief an Clara Westhoff und Rainer Maria Rilke

In ihrer Kunst müssen Männer die sozialen Vorschriften für das Leben der Geschlechter nicht in Frage stellen. Wenn sie dort, in der
Arbeit alle Brücken abbrechen und sich in ein bisher unbetretenes
Land begeben, befinden sie sich immer noch auf dem Boden ihrer
Geschlechtsidentität, die dem Mann Kompromißlosigkeit und
Kühnheit gestattet und es außerdem zuläßt, daß er sich hinsichtlich
seiner Haltung Frauen gegenüber – anders als in sonstigen Belangen
der Gesellschaft oder der Politik – eine reaktionäre bis chauvinisti-
sche Einstellung erlauben kann, ohne sich dabei als Künstler unglaubwürdig zu machen oder seinen Anspruch auf Progressivität
fragwürdig werden zu lassen.
Die Topik der Bilder, Niederschlag und Verdinglichung von Geist
und (männlicher) Erotik hat historische Kontinuität und wurde zu
keiner Zeit je so grundsätzlich in Frage gestellt, daß sie unverwend-
bar geworden wäre. Sie blieb bestehen, selbst in geschichtlichen
Phasen, in denen die Zerschlagung von Tradition, die Aufhebung
von überkommener Sehgewohnheit als künstlerischer Auftrag begriffen worden war.
Frauen hingegen verlassen als selbständige Künstlerinnen die Rollen
ihres Geschlechts. Sie wandern aus – in ein fremdes Land, dessen
Gesetze sie nicht kennen und die auch nicht für sie gelten. Aufent-
haltsgenehmigung wird ihnen nur um den Preis von Wohlverhalten

gewährt. Sie haben strikte Loyalität zu beweisen und keinen Anspruch auf eine eigene Tradition.

Emigration – die unfreiwillige wohlgemerkt, nicht die Reise in eine neue, anregende Umgebung – hat viele Künstler um die Weiterentwicklung ihres Werks gebracht. Wie abhängig gerade Künstler von kulturellem Austausch sind, von dem gesellschaftlichen Umfeld, das ihnen vertraut ist, beweist der Substanzverlust in den Werken vieler Maler nach ihrer Emigration aus dem faschistischen Deutschland. Künstler von so unbestrittenem Rang wie Grosz oder Feininger blieben in den USA hinter ihren eigenen Maßstäben zurück, Kirchner, unverstanden und verzweifelt, machte seinem Leben in der Schweiz ein Ende, und Otto Dix muß die für ihn so fruchtbare Atmosphäre Berlins und Dresdens schmerzlich vermißt haben. Erst spät erreichte er wieder die Intensität und Größe früherer Bilder.

Die Entbehrung eines der künstlerischen Arbeit förderlichen soziokulturellen Umfelds zehrt an der kreativen Substanz. Der Vorwurf der Konventionalität, des Angepaßtseins, der Unfähigkeit zu bahnbrechenden Neuerungen, wie er Frauen gemacht wird, hat – wo überhaupt zu recht erhoben – seinen Grund in der Tatsache, daß Künstlerinnen gezwungen sind, alle sozialen Brücken hinter sich abzubrechen.

Jedes gesellschaftliche Milieu sonst hat seine eigenen Konventionen und Verhaltensmuster. Sie umzulernen erfordert Energie und Risikobereitschaft. Viele Menschen leiden nach einem solchen Wechsel unter sozialer Heimatlosigkeit. Aber sie finden in der neuen Umgebung den fertigen Lernstoff vor.

Anders der Ausbruch der Künstlerinnen aus der Rolle der Frau. Dies ist kein sozialer Schichtwechsel. Für Künstlerinnen bietet die Gesellschaft keine anderen Orientierungen als jene archaischen Prägungen, wie sie etwa im Umkreis von Priesterin und Hetäre angesiedelt sind und ab der Jahrhundertwende von der Diva, der Dame der Gesellschaft und später dem Star abgelöst wurden.

Doch der weibliche Star ist kein lebendiges Wesen mit einer eigenen Lebensgeschichte, sondern ein Fetisch, ein Kultgegenstand, der in dem Augenblick jede Aura verliert, wo er nicht mehr geeignet ist, eine männliche Imagination perfekt zu verkörpern. Wenn sich diese Imagination geändert, oder auch wenn der weibliche Körper sich verändert hat und damit die Inkarnation solcher Weiblichkeitsentwürfe nicht mehr leistet, wird er durch einen anderen ersetzt und verschwindet von der Bildfläche. Weibliche Bühnen- oder Filmstars

34 Artemisia Gentileschi: Judith enthauptet Holofernes.
Florenz, Uffizien.

35   Fede Galizia (1578 Mailand – 1630 Mailand):
Judith mit dem Haupt des Holofernes.
Rom, Galleria Borghese.

36   Françoise Duparc (1702/26 Murcie, Spanien – 1778 Marseille): Die alte Frau.
Marseille, Musée des Beaux Arts.

37　Anne Vallayer-Coster (1744 Paris – 1818 Paris): Stilleben mit Schinken.
Staatliche Museen Stiftung Preußischer Kulturbesitz, Berlin-Dahlem.

38 Anne Vallayer-Coster: Stilleben.
    Staatliche Museen Stiftung Preußischer Kulturbesitz, Berlin-Dahlem.

39   Angelica Kauffmann (1741 Chur – 1807 Rom): Die Hoffnung.
Rom, Accademia di San Luca.

40 Angelica Kauffmann, Selbstbildnis. *Florenz, Uffizien.*

41   Judith Leyster: Lautenspieler. *Rom, Galleria Nazionale d'Arte Antica*
(fälschlich Blockhurst zugeschrieben).

sind daher in den seltensten Fällen entwicklungsfähig. ›Spielraum‹, der sich in die Zeit ausdehnt, wird ihnen, im Gegensatz zum männlichen Schauspieler, nicht zugestanden, schon allein deswegen, weil es kaum Bühnenstücke oder Filme gibt, die solche Rollen überhaupt vorsehen. Nur wenn es einer Frau gelingt, später die wenigen Rollen der Alten oder der Mütterlichen zu spielen, hat sie eine Entwicklungschance. Die ›Göttinnen‹ oder Diven handeln daher ›klug‹, wenn sie ›freiwillig‹ verschwinden, sobald man ihrer nicht mehr bedarf. Auf der Bühne des Kulturbetriebs verhält es sich nicht anders. Daher finden wir in den Künstlervereinigungen beispielsweise der 20er Jahre einige schöne junge Frauen, die den Männergruppen etwas Glanz verliehen, weil sie die Rolle der Muse oder der ›begabten Schülerin‹ übernahmen, deren Ruhm jedoch schlagartig verblaßte, sobald sie die Vierzig überschritten hatten. Auch heute tauchen in Ausstellungen immer wieder junge Künstlerinnen auf, von denen man nach einigen Jahren nichts mehr zu sehen bekommt. Es ist durchaus möglich, daß die Kontinuität der Präsenz von Käthe Kollwitz im kulturellen Leben ihrer Zeit und auch darüber hinaus nicht zuletzt dem Umstand zu verdanken ist, daß ihre Kunst nach dem frühen revolutionären Aufbegehren geeignet war, sie mit ›Mütterlichkeit‹ zu identifizieren, so daß sie auf der Bühne der Kunst später dieselbe Mutterrolle spielte, die beispielsweise Therese Giese im Theater verkörperte. Die kontinuierliche Entwicklung und Sichtbarkeit der künstlerischen Arbeit einer Frau vom Frühwerk über die Reifephase bis hin zum Spätwerk kann sich in kein soziales Lebensmuster einbetten, solange dies für weiblichen Ruhm nur das Image des Stars vorsieht. Bei der Künstlerin rückt damit weniger ihr Werk, vielmehr ihre Person, ihre Biographie in den Mittelpunkt. Mit der Bezeichnung›begabt‹ oder ›hochbegabt‹ wird von der Betrachtung des Werks Abstand genommen, da dies ja so als vorläufig, als Versprechen, bzw. als noch gar nicht vorhanden vernachlässigt werden kann. Das Versprechen soll jedoch nicht eingelöst werden, denn Zukunft ist nicht vorgesehen. Spätere junge Künstlerinnen werden zu diesem Zeitpunkt die Kunstbühne betreten haben und den Star von einst vergessen lassen. So ist auch die bildende Künstlerin bloß Imagination, Projektionsfläche für einen männlichen Entwurf. Aus der Vorstellung von der Künstlerin ist damit ihre Arbeit, ihre Aktivität herausgefiltert. Sie arbeitet nicht, sondern sie ›ist‹ nur ›da‹. Weil ihr Werk – als nicht vorhanden – beiseite geschoben wird, kann auch niemand darauf Bezug nehmen. So finden wir im Image der Künstlerin als Star eine der Ursachen für den gegen Frauen erhobenen Vorwurf, sie hätten nie eine Schule gebildet und keine neuen Entwicklungen eingeleitet. (Hartnäckig hält sich die Vorstellung von der Künstlerin als Grande Dame oder Diva. Ab und zu wurde ich mit ›Gnädige Frau‹ angesprochen. Niemand wohl käme auf die Idee, zu einem Maler ›Gnädiger Herr‹ zu sagen. Bei ihm genügt der Nachname, die Signatur, um den Respekt vor ihm auszudrücken. Leonor Fini mußte sich die Bezeichnung ›Grande Dame des Surrealismus‹ gefallen lassen. Dali als ›Grandseigneur des Surrealismus‹?

Neuerungen in der Kunst sind jedoch durchaus auch von Frauen in die Wege geleitet worden. Wie eine künstlerische Gruppe um ihren weiblichen Kopf gebracht werden kann, läßt sich an einem jüngsten Beispiel nachweisen.
Gut genug ist mittlerweile dokumentiert, welche Bedeutung Paula Modersohn-Becker innerhalb der Entwicklung der deutschen Malerei seit der Jahrhundertwende zukommt. Die Zeitschrift »artis« 5/80 berichtet, daß im Bundeskanzleramt zu Bonn ein neues Kunstzimmer, das Worpsweder Zimmer eingerichtet worden sei: Otto Modersohn, Fritz Overbeck, Hans am Ende, Fritz Mackensen und Heinrich Vogeler sind in dem Artikel mit Abbildungen vertreten, niemand fehlt aus dem Worpsweder Kreis, bis auf – man lese und staune – Paula Modersohn-Becker. Otto Modersohn, so wird erklärt, habe sich bei genauerer Prüfung als der begabteste herausgestellt. Er sei denn auch als einziger in späterhin wirksame Auseinandersetzung mit den moderneren Möglichkeiten der Zeit getreten, mit Cézanne und dem internationalen Jugendstil.
Otto Modersohn?
Als einziger?
Paula Modersohn-Becker gönnt man dann doch noch eine Einschätzung: »Die Rolle Paula Modersohn-Beckers in diesem Zusammenhang sei jedenfalls erwähnt – doch ist das ein anderes Thema, das unsere Ausstellung nicht behandelt.« Der das schrieb, ist Leiter der Kunsthalle Bremen, Organisator und Katalogherausgeber zur Paula Modersohn-Becker-Retrospektive anläßlich ihres hundertsten Geburtstags.
Eine Nachfrage ergab, daß Paula Modersohn-Becker im Bundeskanzleramt mit zwei Werken vertreten ist. Da das Worpsweder Zimmer der Öffentlichkeit nicht zugänglich ist und Informationen darüber nur durch die Presse erhältlich sind, mußte der Eindruck

entstehen, es befänden sich von ihr auch keine Bilder in der erwähnten Ausstellung. Daß die bedeutendste Künstlerpersönlichkeit des Worpsweder Kreises gerade dort nicht gezeigt wird, wo ihr Werk beweisen könnte, wie weit es über die Künstlergruppe hinausweist, der es entstammt, wird damit begründet, daß Paula Modersohn-Becker die provinzielle Enge der Worpsweder verlassen habe. Doch wird die Künstlerin damit aus ihrem historischen Zusammenhang gelöst und zur isolierten Ausnahme gemacht, was das Verständnis ihres Werks und die Einschätzung ihrer Leistung erschwert. Auch in der Kunsthalle Bremen ist sie im Worpsweder Raum nicht vertreten, sondern in gesonderten Räumen ausgestellt. Frida Kahlo, deren Kunst innerhalb der Gruppe der Mexikanischen Muralisten eine ähnliche Bedeutung zukommt, war in der Ausstellung in der Berliner Nationalgalerie mit keinem einzigen Bild vertreten und wurde statt dessen in einer Sonder-Ausstellung zusammen mit der Fotographin Tina Modotti gezeigt. Ob »weiblichem Anliegen auf die Dauer ernsthaft gedient sei, wenn man weibliches Kunstschaffen einer gesonderten Wertung unterzieht«,[22] mit dieser Frage äußert die Zeitschrift ›artis‹ ausführlich bemühte Zweifel an einem Verfahren, dessen sie sich bei der Unterschlagung von Modersohn-Becker wenige Seiten zuvor selber schuldig gemacht hat.

Eine kluge Frage. Die Kunstgeschichte hat sie jahrhundertelang immer schon beantwortet: sie unterzog weibliches Kunstschaffen stets einer gesonderten Wertung, sie filterte die Kunst der Frauen, analog dem Beispiel Worpswede, aus ihren Zusammenhängen heraus und schuf damit selber die Voraussetzungen, durch die es für Frauen notwendig wird, ihre Kunst gesondert zu betrachten, um sie überhaupt verfügbar zu haben. Frauenkunst *ist* bereits von der der Männer isoliert. Den Blick jetzt in diese dunkle Ecke der Geschichtsschreibung zu lenken, ist daher nichts anderes als die logische Konsequenz aus einer Praxis, die »weiblichen Anliegen« bisher alles andere als dienlich war.

In einer patriarchalischen Gesellschaft berufen Männer sich nicht auf Frauen.
Für einen Mann ist es ehrenrührig, unter dem Einfluß einer Frau zu stehen – er wäre so etwas wie ein geistiger Pantoffelheld. Dabei übernehmen Männer durchaus Erfindungen von Frauen – verschweigen allerdings die Quellen ihrer Inspiration. Wo sie sie offenlegen, werden sie kaum ernstgenommen. Bekennen sie sich tatsäch-

lich einmal zum Einfluß einer Frau, so wird dies gern als freundliche Verbeugung, als gönnerhafte Galanterie gewertet.

Das künstlerische Vermächtnis einer Frau, belastet mit der Hypothek des Weiblichen, findet keine Erben.

So kann es geschehen, daß ihre künstlerische Konzeption nicht weiter entwickelt wird, weil niemand es wagt, sich als ihr Nachfolger auszuweisen, niemand das Risiko tragen will, die Lehre einer Frau aufzugreifen. Entwicklungslinien werden dadurch abgerissen – oder gibt es einen Künstler, der als Käthe Kollwitz-Schüler anerkannt werden will? Das Werk der Käthe Kollwitz hat die gesamte neuere Graphik in China beeinflußt – in Europa hat es niemand gewagt, mit ihren Pfunden zu wuchern. Ein Künstler, der Erfolg anstrebt, orientiert sich an Vorbildern, die – soweit sie den eigenen Intentionen entsprechen – die meiste Achtung genießen. Das Bekenntnis zu Lehrern ist notwendig, nicht nur, weil es unökonomisch wäre, das Wissen anderer im eigenen Fachgebiet zu ignorieren; die künstlerische Arbeit fängt bis zu einem gewissen Grad damit überhaupt erst zu existieren an, weil die Tendenz, der sich jemand zuordnet, auch das Gesichtsfeld bildet, das ihn wahrnehmbar macht.

Die Vorstellung von unstrukturiertem Pluralismus und atomisierter Individualität in der Kunst ist Ideologie. Nachfolger sind die Interpreten eines Wissens, das erst durch sie zu dem wird, was es ohne sie nur potentiell ist. Kunst ist eine immer wieder neu formulierte und vorgetragene Lehre. Sie wird erhalten und bleibt lebendig durch jeden, der sie aufnimmt und verändert, und damit zu ihrer Präsenz beiträgt, zu dem Umstand, daß sie verfügbar bleibt. Diese Arbeit ist verdienstvoll, und es ist kurzsichtig, Nachfolger zu verachten.

Ohne Nachfolger gibt es keine Meister.

Kunstgeschichte als von Männern gemachte besagt, daß ihre Errungenschaften unter Männern aufgeteilt werden. Sie beerben einander und sorgen dafür, daß die Schätze gepflegt, ergänzt und weitergegeben werden.

Wenn rebellische Söhne Erbschaften neu verteilen, tun sie das mit dem sicheren Gefühl, über das Gut zu verfügen.

Töchter sind minder erbberechtigt.

Ihr Leben lang sind sie zu Dank verpflichtet. Man wird nicht müde zu erwägen, ob und inwieweit sie sich der Zuteilung als würdig erwiesen haben.

Töchter werden zur Bescheidenheit angehalten – oft begnügen sie sich daher mit einem winzigen Anteil.

Von großen Manns-Bildern
und kleinen Frauen-Zimmern

Sowenig man nämlich in einer weiblichen Bildung...
sogenannte männliche oder gar Riesenformen erwartet,
vielmehr solche flieht oder verabscheut, sowenig wird
ein Verständiger in den zartesten Reden einer weiblichen
Seele... in den Schildereien ihrer Empfindungen männlichen
Tritt oder gar Riesenmaß suchen oder erwarten.

Johann Gottfried Herder

Im Vaterhaus der Kultur bewohnen Frauen ein kleines Eckchen.
Zugehörigkeit zu einer Künstlerfamilie war lange Zeit die einzige
Möglichkeit für sie, eine künstlerische Ausbildung zu bekommen.
Als Töchter, Schwiegertöchter, Ehefrauen – manchmal als Modelle
(Siddal, Valadon) oder Putzfrauen (Séraphine) erwarben sie sich die
nötigen Kenntnisse (Gesina Terborch, die die Graphik ihres Bru-
ders Gerard kolorierte, Susanne Henry-Chodowiecki, die die Ent-
würfe ihres Vaters Daniel in Kupfer stach, oder Susanna Horebold,
die, wie Dürer berichtet, in der väterlichen Werkstatt arbeitete.)
Da die Frauen ihren männlichen Familienangehörigen untertan zu
sein hatten, waren sie weitgehend nicht in der Lage, künstlerische
Eigenständigkeit zu entwickeln.

»...(sie) waren Töchter oder Gattinnen von Künstlern und auf Kunstaus-
übung in deren Werkstätten angewiesen, womit der häufige Vorwurf schöp-
ferischer Unselbständigkeit entwertet wird.«[23]

Das kleine Eckchen im Vaterhaus der Kultur ist wörtlich zu nehmen.
Der Raum, den Frauen auf Bildern beanspruchen, legt Zeugnis dafür ab. Daß Frauen als Miniaturistinnen oft zu großem Ansehen
gelangten, daß die Miniatur als spezifisch weibliches Genre eingeschätzt wurde, hat mit dem Mangel an Expansionsmöglichkeit zu
tun, mit dem Sich-zurück-Nehmen, den Schritt in die Geschichte
ungeschehen machen, kaum daß er getan wurde.
Der Rückzug auf winzige Formate ist eine in vielen Fällen unbewußt getroffene Entscheidung. Dem Betrachter ebenso wie der

Künstlerin mag es scheinen, als handele es sich um ein besonderes Talent, eine Affinität des Weiblichen zum Kleinen, Zierlichen, Akribischen.

Daß Frauen hierfür besonders begabt seien, ist eine häufig geäußerte irrige Vermutung, die die sozialen Implikationen der künstlerischen Sprache ignoriert. Zudem bietet es sich an, den Frauen ein Betätigungsfeld zuzuschieben, das sie von der Konkurrenz mit Männern fernhält.

»Ihr eigenstes Spezialistentum bleibt noch im Allerweiblichsten befangen, in der Lust am Minutiösen und an der Geduldsprobe der Handgeschicklichkeit.«[24]

Eine Frau – beauftragt mit einem Fresco von den Ausmaßen des Michelangeloschen Jüngsten Gerichts?
Solche Dimensionen erfordern die Leitung eines Teams von Gesellen, Lehrlingen, Handwerkern. Auch Michelangelo hat darauf nicht verzichtet – zwar hat er die gesamte Malerei in der Sixtinischen Kapelle eigenhändig ausgeführt, ist damit aber eine Ausnahme unter Künstlern.
Eine Frau mit künstlerischer und handwerklicher Entscheidungskompetenz, für die Männer subalterne Zuträgerdienste verrichten, kann man sich selbst heute kaum vorstellen, im Zeitalter der Gleichberechtigung.

»Lavinia Fontana... wurde... mit der äußerst lukrativen Ausführung eines Monumentalgemäldes für San Paolo beauftragt. Auch nachdem sie künstlerisch versagte, wurde sie vom Papst mit weiteren Porträtaufträgen bedacht.«[25]

Versagt?
Wie großzügig, sie weiter mit Porträtaufträgen zu bedenken! Bei meinen Nachforschungen bin ich nirgendwo auf eine genauere Beschreibung dieses »Versagens« gestoßen. Da das Gemälde 1823 durch Brand zerstört wurde, läßt sich nicht mehr feststellen, ob diese Einschätzung gerechtfertigt war.
Daß Fontana den Monumentalauftrag nicht bewältigt habe, wird indessen gern kolportiert. Es handelte sich um eine gigantische »Steinigung des Stephanus« mit zahlreichen Figuren und einer »Gloria in alto«, die von Zeitgenossen als Blamage gerügt worden war. Giovanni Baglione, selber Maler, beschrieb die Künstlerin herablassend als »recht gut«.[26] Er hegte einige Ressentiments gegen sie,

weil er möglicherweise den Auftrag gern selber bekommen hätte. Bessere Künstler seien übergangen worden, behauptete er, und das Resultat sei ein Mißerfolg gewesen.

»Vom Vatikan nach Rom berufen traut [sie]... ihrer Kraft selbst ein Monumentalgemälde mit überlebensgroßen Gestalten für San Paolo zu. Hier aber scheitert sie... Einsichtig geworden überläßt Lavinia von nun an das *Männerwerk* den Männern, und bescheidet sich damit, die... elegante Malerin der römischen Aristokratie zu sein.«[27]

Lavinia Fontana hatte den Auftrag erhalten, weil ein anderes ihrer Gemälde, »Der Triumph des heiligen Hyacinthus«, das sie der Kirche Santa Sabina in Rom gesandt hatte, sehr bewundert worden war.
Einmischung in Männerwerk und Usurpierung eines Vorrechts also bedeutet es, wenn eine Künstlerin sich für ein größeres Bildformat entscheiden möchte.

Das große Formate Frauen nicht zuständen, daß sie damit etwas durch ungeschriebenes Gesetz Verbotenes zu tun unternahmen, mag auch in meiner eigenen Arbeit – mir selber unbewußt – eine Grenze gesetzt haben. Meine künstlerischen Versuche beschränkte ich zunächst auf graphische Arbeiten. Zeichnung und Radierung – so meinte ich – seien die mir entsprechenden Ausdrucksmittel. Die kleinen Formate der graphischen Blätter, ihre weniger aufwendige Technik täuschten mich über die unbemerkt vollzogene Selbstbescheidung.
Um die Malerei habe ich ziemlich verzweifelte Kämpfe ausgefochten, und es ist verständlich, daß meine ersten Ölbilder, was das Format betrifft, nicht über das mir bereits vertraute meiner Graphik hinausgingen. Selbst das bescheidene Format von 35 × 30 cm war ein Wagnis, das mir Schwierigkeiten bereitete.
In Zeiten besonderer psychischer Belastung – durch schlechte Wohn- und Arbeitsbedingungen, ein winziges Atelier und chronischen Geldmangel, der tiefe Selbstzweifel und Existenzängste in mir auslöste – schrumpften meine Formate auf wenige Quadratzentimeter, ich habe Bilder von etwa 13 × 9 cm gemalt. In solchen Zeiten sank auch meine Produktivität; nur sehr wenige Bilder entstanden. Diese Einbrüche habe ich nie als Folge meiner sozialen Situation begriffen, sondern zum Anlaß genommen, meine Fähigkeiten von Grund auf anzuzweifeln.

Der mir durch äußere objektive Gegebenheiten aufgezwungene Rückzug in die kleine Dimension des Ateliers und des Bild-Formats – und damit in die Isolation – erschwerte eine für die Kunst konstitutive Erkenntnis; sie ist für die Öffentlichkeit, an andere, an Betrachter, gerichtet, braucht die Auseinandersetzung, muß sich im Zusammenhang mit anderem bewähren. Sie ist ein ebenso soziales Gebilde wie der Mensch selber.

Sich erkennen – auch in einer Arbeit, die man alleine tut – ist ein Prozeß des Austauschs. Es hat fatale Auswirkungen, der Mystifizierung zu glauben, in der Einsamkeit entfalte sich das Genie.

Relationen dieser Art sind für Frauen besonders schwer durchschaubar. Das Sich-Zeigen – für sie traditionell mit negativen Vorzeichen versehen – wird, wenn es sich um Kunstproduktion handelt, zum Bumerang, denn hinter künstlerischer Arbeit, hinter Bildern verschwinden zu wollen ist absurd. Was, wenn nicht sie, zeigt das Ich, macht es öffentlich? Die Kunst enthält es, stellt es aus.

Das künstlerische Ich – in Bildern von Frauen weiblich – vertritt allerdings nicht den geschlechtsneutralen (Mann-)Menschen an sich, sondern eine sexuell determinierte weibliche Variante, den Spezialfall.

So steht die Frau nicht nur als einzelne, Vereinzelte, Ausnahmefigur mit erschwerten Wettbewerbsbedingungen in der Männerkonkurrenz, sie muß sich außerdem ständig als Vertreterin ihres Geschlechts bewähren: die Geschlechtszensur, offenbar unvermeidlich auch bei der Beurteilung von Kunst, läßt diese Vertretung jedoch nur im Negativen zu. Überdurchschnittlich gute Kunstwerke von Frauen gelten seit jeher als »unweiblich« und werden damit vom weiblichen geistigen Guthaben abgezogen und dem männlichen zugeschlagen, während Mittelmäßiges als geschlechtstypisch verbucht wird und das Vorurteil von den inferioren Fähigkeiten der Frauen bestätigt. Eine diesem Verfahren genau entgegengesetzte Rechnung wird für Männer aufgemacht: außergewöhnliche Leistungen ziehen die männliche Identität nicht in Zweifel, sondern stellen sie unter Beweis, obwohl diese ja für das männliche Geschlecht genauso untypisch sind, wie für das weibliche, und männliche Künstler ebenso selten wie weibliche über das gewöhnliche Mittelmaß hinausreichen. Das Verhältnis zwischen Ausnahme und Regel wird damit auf den Kopf gestellt. Bei Frauen bestätigt die Ausnahmeleistung die unumstößliche Regel vom weiblichen Mittelmaß, bei Männern aber gilt die Ausnahme selber als Regel, obwohl aufs Ganze gesehen

große Kunstwerke und große Leistungen überhaupt nur von einer verschwindend geringen Anzahl unter ihnen hervorgebracht worden sind und Männer mit außergewöhnlichen Fähigkeiten daher gerechterweise als unmännlich bezeichnet werden müßten. Doch darf sich jedermann auf Leonardo oder Picasso berufen (oder auf Einstein oder Jesus). Dessenungeachtet lassen aber besonders schlechte Bilder von Männern, deren es ja genügend gibt, an der a priori gültigen männlichen Überlegenheit niemals auch nur leiseste Zweifel entstehen. Obwohl solche Werke meist als individuelle und vereinzelte Fehlleistungen betrachtet werden, und damit ohnehin nicht vom »Männlichen« als Geschlecht verantwortet werden müssen, entlastet sich die Männerwelt hier auch noch auf andere Weise. In diesem Fall nämlich repräsentieren Männer nicht das männliche Geschlecht, sondern den Menschen an sich, der ja bekanntlich nicht vollkommen ist. Nicht Männlichkeit setzt dem männlichen Höhenflug Grenzen – so, wie der Frau das »Weibliche« ständig Schranken auferlegt – weil bei Versagen oder Schwäche von Männern allenfalls die Begrenztheit des menschlichen Strebens allgemein in Rede steht. (Diese Rabulistik ähnelt verblüffend der gegenwärtigen Wirtschaftspraxis, wo die Gewinne privat verbucht werden, während für die Verluste die Allgemeinheit aufkommen muß.) Damit verschwinden die guten Leistungen der Frauen unter der ideologischen Decke des Patriarchats ebenso, wie die schlechten der Männer.
Den Ausnahmecharakter bei großer Kunst von Frauen besonders hervorzuheben, ist ein infamer Trick, ein doppelzüngiges Lob, mit dem die geistige Enteignung der Frauen betrieben wird. Schließlich ist es immer »ein groß Wunder«, wenn (einer Frau *oder* einem Mann) ein Kunstwerk gelingt.
Bis heute haben selbst die bedeutendsten Kunstwerke von Frauen das Vorurteil gegenüber weiblichen Fähigkeiten nicht aus der Welt zu schaffen vermocht. Frauen stehen daher weiterhin unter verschärftem Leistungsdruck, der es jeder einzelnen Künstlerin auferlegt, mit ihrem Werk den Gegenbeweis anzutreten, was aber die für Kunst notwendige Freiheit damit gerade für sie auf besondere Weise einschränkt, denn Kunst-Machen verlangt ja immer auch den Mut zum Scheitern. Dieser Mut wird nicht eben bestärkt, wenn wir in einer Ausstellung ein nicht sonderlich geglücktes Bild einer Kollegin sehen und Bemerkungen wie diese hören: »Von wem ist denn das? Na ja, von einer Frau.« Unterton: »Da sieht man's mal wieder, sie können es halt doch nicht.« Bei besonders guten Arbeiten Ver-

wunderung: »Von einer Frau? Erstaunlich, hätte ich nicht gedacht.«
Unterton: »Dieses Bild könnte durchaus von einem Mann sein.
Frauen sind ja sonst nicht so gut.«

In meiner Abwehr gegen den Zwang, mit persönlichen Lebensäußerungen, künstlerischen Neigungen, Vorlieben, Experimenten stets für das gesamte weibliche Geschlecht geradezustehen, bei meinem Anspruch, Mensch, Individuum sein zu wollen, schmeichelte mir eine Zeitlang das fragwürdige Kompliment, meine Arbeiten seien »männlich«, zeigten »männliche Entschiedenheit«, »männlichen Strich«. Hatte ich jenes »gewisse Maß an männlicher Härte und Egozentrismus« für mich beansprucht, ohne das gerade Frauen sich »wie Käthe Kollwitz' Schwester nicht entfalten können, weil sie zu weich und selbstlos sind«?[28] Ich konnte damals nicht heraushören, daß mir mit solchen männlichen Komplimenten keineswegs der schlichte Status Mensch verliehen wurde. Als Frau blieb mir dieser weiterhin versagt, es sei denn, ich bediente mich männlicher Verkleidung, verdiente ihn mir.
Wo ich geglaubt hatte, als Mensch, weiblicher Mensch, akzeptiert zu sein, war ich statt dessen in den Stand des Mannes erhoben worden – denn: Mensch sein kann nur der Mann, und daher ist auch wahre Kunst offenbar immer männlich, unabhängig davon, ob sie von Männern oder von Frauen stammt.

»Nehmen wir weiterhin an, daß ich nicht wirklich eine Frau wäre? Es scheint mir, daß sich für ein Projekt wie das ihre [die Frauenausstellung L'altra metà dell'avanguardia, Mailand, 15.2.–13.4.1980] eine medizinische Untersuchung empfiehlt. Besonders in dem Moment, in dem der Betrug herauskommt und eine angebliche Frau sich – als Mann erweist. Glauben Sie mir, Signora, wenn meine Bilder je auf Frauenausstellungen gewesen sein sollten, so habe ich davon nicht das mindeste gewußt. Ach, wie kann man das nur verhindern?«
(Dorothea Tanning, Malerin, an die Organisatorin der o. g. Ausstellung, Lea Vergine)[29]

Zum Manne geschlagen, Vasallin einer Ideologie, die nur einem der beiden menschlichen Geschlechter die ganze Breite der Ich-Entfaltung zugesteht, wird die erfolgreiche Künstlerin.
Wie ein durchsichtiger Globus in natürlicher Größe schwebt dieses ideologische System als dreidimensionales Spiegelbild des Wirklichen über unseren Köpfen – in unseren Köpfen. Es ist so lückenlos gebildet, daß wir es mit dem tatsächlichen Globus verwechseln.

Seine Geographie haben wir im Sinn, wenn wir unsere Standorte bestimmen wollen. Obwohl unsere alltäglichen Erfahrungen dieser Weltdeutung ständig zuwiderlaufen, sind wir nicht imstande, uns ihr zu entziehen. Die Ungereimtheiten und Absurditäten des patriarchalen Denkens sind offenkundig, doch gerade die Widersinnigkeit dieses Systems macht es resistent gegen Kritik. Es spricht unserem Verstand Hohn und läßt all unseren kritischen Scharfsinn abprallen, weil es sich eben jenseits der Vernunft befindet, wie alle Herrschaftssysteme. Da das patriarchale Denken schon seit Jahrtausenden wirksam ist, gleicht es einem dicht geknüpften Netz von Fallstricken, in dem sich unsere Gedanken verheddern und das unseren Verstand verwirrt. So sind wir denn eher bereit, uns für verrückt zu halten, als jene fundamentalen Zweifel zuzulassen, die dieses Weltmodell sprengen könnten.

Besuch bei unbekannten Damen

Man kann von den Weibern auch nichts anderes erwarten,
wenn man erwägt, daß die eminentesten Köpfe des ganzen
Geschlechts es nie zu einer einzigen echten und originellen
Leistung in den schönen Künsten haben bringen, überhaupt
nie ein Werk von bleibendem Wert haben in die Welt setzen
können: dies ist am auffallendsten in Betracht der Malerei,
da deren Technisches ihnen wenigstens ebenso angemessen
ist, wie uns, daher sie solche auch fleißig betreiben,
jedoch keine einzige große Malerei aufzuweisen haben;
weil eben es ihnen an aller Objektivität des Geistes
fehlt, welche gerade von der Malerei am unmittelbarsten
erfordert wird: sie stecken überall im Subjektiven ...
Einzelne und teilweise Ausnahmen ändern die Sache nicht;
sondern die Weiber sind und bleiben im ganzen genommen
die gründlichsten und unheilbarsten Philister.

Schopenhauer

Eine dieser Ausnahmen, Zeitgenossin Schopenhauers, ist Marie
Guilhelmine Benoist.

In Paris sah ich zum ersten Mal ein Bild von ihr. Es war das »Porträt
einer Negerin«. Ich befand mich in einer Gruppe von Kunststuden-
ten, Teilnehmern an einer Exkursion und in Begleitung eines Kunst-
historikers, der uns durch den Louvre führte.

Das Bild fiel auf – mit seiner einfachen großen Geste, den tonigen
Farben, dem ungewöhnlichen Sujet. Die gelassene Haltung der
Frau, ihre Ruhe und Würde, die Selbstverständlichkeit der entblöß-
ten Brust ließen keine voyeuristischen Blicke zu – nichts von der
schwülen Mischung aus Koketterie und Sentimentalität, die man bei
Porträts exotischer Frauen zuweilen findet, störte die Betrachtung.
Es war ein bemerkenswertes Bild in seiner Ausstrahlung von Klar-
heit und Strenge.

Comtesse de Benoist, nie gehört, völlig unbekannter Name. Unser
Kunsthistoriker erklärte, dies sei das berühmte Bild der Comtesse
de Benoist.

Sie war also berühmt.

Und dies hier war ihr berühmtes Bild.

Ihr Bild?

Hatte sie denn nur dieses eine gemalt?

Aber das war ja ganz unmöglich! Ein solches Bild fällt einem doch nicht in den Schoß. Dieses Bild trägt so sehr die Zeichen der Professionalität, daß es nur das Ergebnis langer intensiver Studien sein kann, Resultat nicht nur von gründlicher Ausbildung, sondern ebenso von einem individuellen, zielgerichteten künstlerischen Entwurf.

Wer war diese Comtesse?

Zwar war mir bekannt, daß es in ihren Kreisen für junge Damen früher zum guten Ton gehörte, malen zu können. (Die Spötteleien über höhere Töchter klangen mir deutlich genug in den Ohren.)

Aber so gut? War es damals unter Comtessen üblich, so außergewöhnlich gute Bilder zu malen?

Hier war nämlich nichts von selbstgefälligem Dillettantismus zu spüren. Wenn sie unter ihresgleichen eine Ausnahme sein sollte, eine autonome Künstlerin, deren Bild mit größter Selbstverständlichkeit da hing, wo es hingehörte, im Louvre neben den besten Werken der männlichen Kollegen – dann mußte es von ihr mehr als dieses eine Bild geben, dann mußte es außer Bildern eine Fülle von Skizzen, Zeichnungen, Studien geben – ein reiches, abgerundetes Werk.

Wo befand es sich?

Weshalb war nichts außer diesem einen Bild von ihr zu sehen? Weshalb hatte ich ihren Namen noch nie gehört, weshalb hatte ich noch nirgendwo eine Reproduktion dieses Bildes gesehen?

Bei diesem meinem ersten Louvre-Besuch sah ich ein weiteres Bild von einer Frau: Elisabeth Vigée-Lebruns Selbstporträt mit ihrer Tochter. Es entsprach schon eher der Erwartung an die Frauenkunst: kleinformatig, weich in der Linienführung, ›schöne‹ Farbigkeit und schließlich das Sujet der zärtlichen Mutter-Kind-Liebe.Über dieses Bild ein Wort zu verlieren und nach der Künstlerin zu fragen schien nicht angebracht. Wie kam dieses Bild in den Louvre?

Nun, dort befinden sich auch etliche mittelmäßige Werke.

Man ging zur Tagesordnung über, Wichtigeres anzuschauen, Ingres und David.

Die beiden Bilder von Frauen in diesem Riesenarsenal von Kunst, die allesamt von Männern stammte, irritierten mich. Was hatten Frauen in diesem Musentempel zu suchen?

War das eine Bild, das der Comtesse, eher eine Kuriosität, weil es gut war, zu gut, um einfach übergangen zu werden, so schob das andere, das Mutter-Tochter-Bild, die Frauenkunst wieder ins Klischee zurück. Fragen, die das Benoist-Bild aufgeworfen hatte, waren weggewischt. Den weiblichen Teilnehmerinnen schien die ganze Angelegenheit unangenehm. Sie wandten sich schnell ab.

War hier nicht bewiesen, daß männliche Großzügigkeit Hervorbringungen von Frauen in ihre heiligen Hallen aufnahm, sobald sie nur irgend diskutabel (Benoist), und sogar dann noch, wenn sie schon eher zweifelhaft waren (Lebrun)?

Mußten sich die Studentinnen angesichts dieses beschämend geringen Beitrags der Frauen zur Malerei nicht allesamt fragen, ob sie nicht unverzüglich ihre Pinsel gegen Kochlöffel tauschen, Mallappen zum Böden-Putzen verwenden und statt der Leinwände künftig Bettlaken spannen sollten?

Nicht daran rühren, lieber schnell vergessen! Wir sind doch hier, um Kunst zu betrachten, und nicht, um uns unangenehme, vielleicht existenzbedrohende Fragen zu stellen.

Zu begeisterten Nachforschungen hat mich dieser Eindruck von Kunst der Frauen keineswegs angeregt.

Das Bild vom unbeirrten Genie, das von äußeren Umständen unabhängig seiner Bestimmung folgt und seine Kreativität aus unerkennbaren, unbekannten Quellen speist, war zu fest in meinem Bewußtsein verankert, als daß ich mich hätte auf die Suche machen mögen nach den verlorengegangenen Bildern der Marie Guilhelmine Benoist oder danach fragen wollen, wie denn andere Bilder von Elisabeth Vigée-Lebrun aussahen und ob sie ausschließlich gefühlvolle Mutter-Kind-Liebe dargestellt habe.

Ich habe mich damals auch nicht gefragt, weshalb denn ein Ingres sich folgenlos eine theatralische Napoleon-Apotheose leisten konnte, ein David ungestraft zum pompösen Verklärer des Franzosen-Kaisers sich herabwürdigen durfte mit seinem meterlangen Krönungsszenarium, weshalb er einen heroisch-schwülstigen Horatierschwur malen konnte, ohne seinen Ruf zu gefährden.

Ist Männersentimentalität denn wirklich etwas so viel Respektableres als die der Frauen?

Wenn Männer Sujets wählen, die ihrem herkömmlichen Rollenarsenal entstammen, und sie klischeehaft reproduzieren, erfährt dies seine Begründung als historische Notwendigkeit, dem Zeitgeist entsprechend.

Wenn Frauen als Malerinnen ihre traditionelle Rolle unhinterfragt und einverständlich zum Bildgegenstand machen, erwächst ihnen daraus der Vorwurf mangelnder Originalität. Solche Bildentwürfe gelten als kitschig.

Es bedurfte weiterer Denkanstöße, bis ich wieder nach Kunst von Frauen fragen konnte.

Betty Friedans Buch vom Weiblichkeitswahn war bei diesem Entwicklungsprozeß ebenso wichtig wie Germaine Greers ›Weiblicher Eunuch‹ und Kate Milletts ›sexual politics‹.

Meine Einsamkeit löste sich eine Zeitlang auf in der neu entdeckten Gemeinschaft mit Frauen.

Weibliche Subversion begann die fest verschweißten Träger des patriarchalischen Systems zu untergraben. Die Realität bekam neue Facetten, die Überlieferung selber begann sich zu verändern, die Dichte und Lückenlosigkeit der Geschichtsschreibung wies plötzlich weiße Flecken auf – unbekannte, neu zu erforschende Kontinente. Auf einmal wurde vielen klar, daß es eine weltabgewandte Seite jenes Globus aus Gedanken gab, jenes Weltmodells in natürlicher Größe – eine ungeheure Fläche, die noch nie wirklich gesehen worden war.

Bei der Lektüre feministischer Texte erlebte ich zum ersten Mal, daß ausgesprochen wurde, was ich fühlte und weswegen ich – immer allein mit diesen Empfindungen und Gedanken – so oft an meiner Wahrnehmung und an meinem Verstand gezweifelt hatte.

Das Gefühl, als Frau nur aus zweiter Hand zu leben, unter Legitimationszwängen und von Mannes Gnaden, das Gefühl entwürdigender Ungerechtigkeit hatte mich immer schon bedrückt – auch wenn ich es zu verdrängen suchte, während meine Umwelt mir ausschließlich getrübte Wahrnehmung, Narzißmus und unverdaute Kindheitserlebnisse zur Deutung meines Unbehagens anbot.

Jetzt las ich die Bestätigung.

Meine Empfindungen waren berechtigt.

Frauen waren wirklich benachteiligt. Aber noch immer wurde nirgendwo darüber gesprochen, sie durften sich nicht empören, sie hatten nicht das Recht auf Widerspruch.

Sie sollten fröhlich, sanftmütig und stumpfsinnig funktionieren, nach dem Gefallen der Männergesellschaft, und zwar entsprechend dem uralten Muster, das da sagt: sei stark, wenn ich schwach sein will; sei dumm, wenn ich überlegen sein will; sei klug, wenn ich deinen Rat brauche; sei keusch, wenn ich dich besitzen will; verworfen und obszön, wenn ich geil bin; sei geil, wenn ich verführt werden will – und verschwinde, wenn ich meine Ruhe brauche. Die neueren Varianten dieses Reglements lauteten so: sei emanzipiert und regle deine Angelegenheiten selbständig, soweit ich nicht das Interesse habe, mich einmischen zu wollen; verdien dein Brot allein, sofern es mir nicht besser gefällt, dich auszuhalten; arbeite unbemerkt und wasch meine Hemden, wenn ich nicht dabei bin, ich will keine Dienerin – schließlich bin ich ein moderner, aufgeklärter, toleranter Mann.

Die Erkenntnis war alles andere als vergnüglich.

Sie war das zweite böse Erwachen aus einem Traum, der eine weniger ungerechte, sondern eine egalitäre Gemeinschaft der Geschlechter erträumt hatte.

Wann und wo war ich bei meinen Liebesbeziehungen in dieser Art verfügbar gewesen – wann autonom? Wie waren Freundschaft und Zuspruch von Männern einzuschätzen, wie meine Wünsche nach Harmonie mit ihnen?

Waren Frauen immer willfährig gewesen, Wachs in Händen der Männer? Wann waren Kapricen und Launenhaftigkeit Ausdruck von weiblichem Widerstand? Wann Anpassung? Wann war ihr Sträuben Gegenwehr?

42   Marie Eléonore Godefroid (1778 Frankreich – 1849):
Die Söhne des Marschall Ney.
Staatliche Museen Stiftung Preußischer Kulturbesitz, Berlin-Dahlem.

43   Harriet Backer: Sakristei in Stange. *Rasmus Meyers Samlinger.*

Harriet Backer: Auf der Bleiche. *Rasmus Meyers Samlinger.*

45 Suzanne Valadon: Selbstporträt. *Sammlung Paul Pétridès.*
46 Oben: Berthe Morisot: Schmetterlingsjagd. *Paris, Musée du Louvre.*
47 Unten: Suzanne Valadon: Das blaue Zimmer.
Paris, Musée National d'Art Moderne.

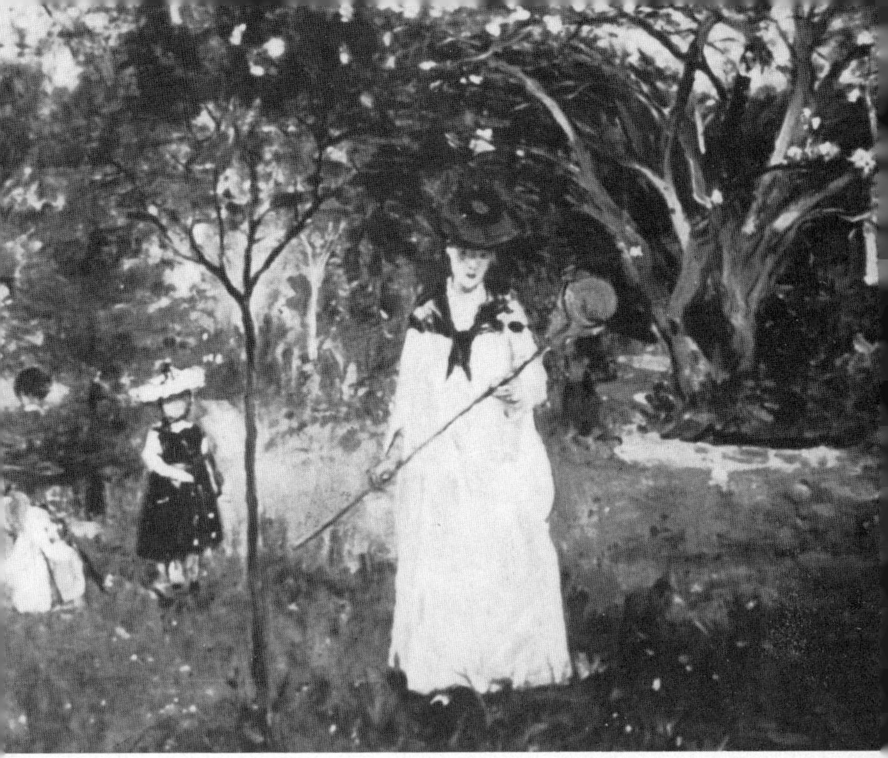

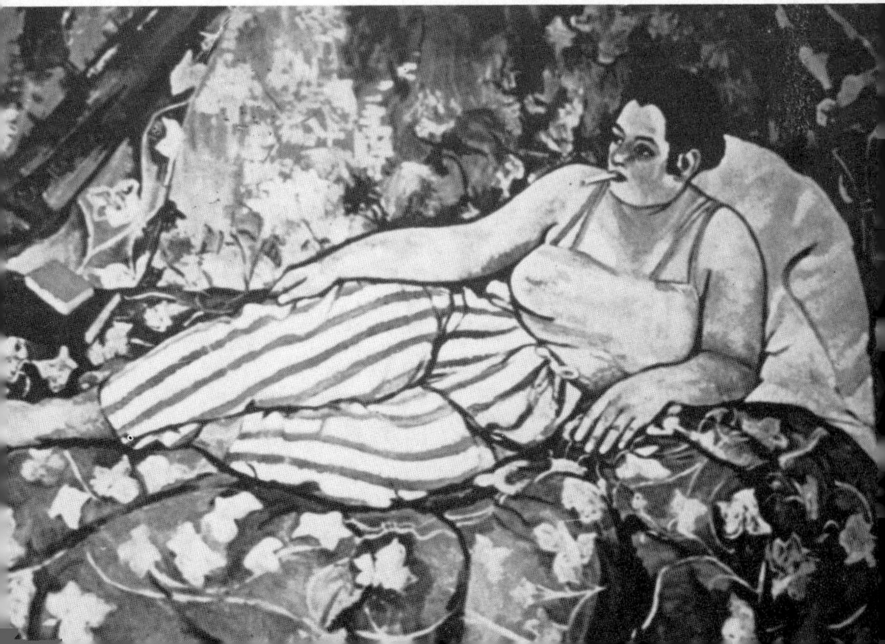

48   Käthe Kollwitz (1867 Königsberg – 1945 Moritzburg):
Pariser Kellerlokal (1904).

49   Käthe Kollwitz: Die Schwester Lise, lesend (um 1889).

50　Sofia Amalia Ribbing (1835 Schweden – 1894): Zeichnende Knaben.
Göteborgs Konstmuseum.

In die Ecke, Besen! Besen!

Durch einen Zufall kam mir Hans Hildebrandts Buch »Die Frau als Künstlerin« in die Hände.

Knapp 200 Seiten stark, mit schlechten Abbildungen und einem unlesbaren Filz von Anhang, war es für mich die erste Darstellung der bisher verschwiegenen, nie gehörten Beschreibung des Beitrags der Frauen zur bildenden Kunst.

Ich traute meinen Augen nicht bei der Entdeckung, daß es von der Antike an kontinuierlich bis in die Gegenwart Künstlerinnen gegeben hatte – in allen Epochen, Vertreterinnen aller Stilrichtungen, international berühmte Hofmalerinnen, die von Königen und Päpsten gefeiert worden waren.

Diese Entdeckung verwirrte mich, bestürzte mich, weckte eine Fülle von Assoziationen, Empfindungen und Gedanken. Es gab also eine Geschichte, eine Kunstgeschichte der Frauen. Sie hatten also doch nicht stumm und unterwürfig stillgehalten in den Jahrhunderten – und auch ich selber hatte plötzlich eine Geschichte. Es gab einen Ort, der meine eigene Existenz in die Vergangenheit hinein reflektierte und ihr damit eine Dimension von Wirklichkeit verlieh, durch die mein Ich aus der Enge seiner Vereinzelung und Traditionslosigkeit hinausgelangen konnte.

In meine Begeisterung mischte sich aber bald Empörung, nicht nur über die Fülle des bisher Vorenthaltenen, sondern noch mehr über die Art und Weise, wie das Unbekannte angeboten wurde.

Das Buch strotzte von offenen und versteckten Herabwürdigungen der Frau, gefiel sich in unerträglicher Betulichkeit gegenüber den Künstlerinnen, faselte z. B. von der »zweiten Stimme im Orchester« oder von echt weiblicher Eitelkeit, die angeblich zum frühesten Selbstporträt in der Kunstgeschichte des Nordens geführt hatte.

»...›weiß Euer Majestät, daß sie einzig dasteht und daß sie allein aus ihrem Geschlechte sich dem schwierigen Berufe gewidmet hat, in Marmor zu arbeiten, und mit Erfolg.‹ Marie-Anne Falconet hat als Künstlerin die gestaltende Kraft und Sicherheit des Mannes. Ist doch der Kopf an Falconets großartigem Reiterdenkmal Peters des Großen auf dem Admiralitätsplatze zu Leningrad – ein Werk ihrer Hand, da ihrem jugendlichen Wagemut glückt, worum die reife Kunst ihres Meisters sich mehrmals vergeblich mühte. Nicht ihrem Manne, mit dem sie selten nur zusammentrifft, seinem Vater gilt ihre große, reine Liebe, ihm ist sie Tochter und ideale Gattin zugleich. Ihm opfert sie – wie offenbart sich hier das Weib! – sogar ihre Kunst und geht, als er während der letzten Lebensjahre in Geisteskrankheit dahinsiecht, ganz in der Pflege des Hilflosen auf.«

»Die Zahl ihrer Selbstbildnisse, bald nur die eigenen Züge, bald auch die ihrer Tochter wiedergebend, ist schwer zu bestimmen. Denn Elisabeth Lebrun ist verliebt in sich selbst – und hat dazu auch allen Grund. Nicht so sehr die Bedeutung ihrer künstlerischen Gestaltung: die immer erfreuende Erinnerung an eine der bestrickendsten Frauen sichert ihr das Nichtvergessenwerden. Ihre Kunst ist ganz weiblich, einschmeichelnd und kokett, sehr begabt, doch stets von männlicher Gestaltung beeindruckt, warm und voll verfeinertster Sinnlichkeit. Sie versteht es wie wenige, den Mann, ohne ihn psychologisch zu ergründen, so zu malen, wie er den Frauen gefällt, und die Frau – nicht zuletzt sich selbst! – so, wie sie den Männern gefällt.«

»... wandeln sich, wie es die neue Zeit verlangt, mit der Schmiegsamkeit und Anpassungsfähigkeit der Frau.«

»Die Jüngerinnen von Greuze werden abgelöst durch jene Davids. Die strenge Schule bekommt ihnen trefflich. Das Bildnis einer Negerin von der Hand der Comtesse Benoist braucht nicht den Vergleich mit den Männerschöpfungen der ersten Jahrzehnte zu scheuen, und die Genrebilder Marguérite Gérards, klein im Format, geben an Sicherheit des Aufbaus den Zeitschilderungen Boillys nichts nach und verraten die Frau nur durch ihren Vorwurf, der kein anderer ist als das Glück des Weibes in Heim und Familie.«

»Dennoch ist sie zu sehr Weib und, ohne es zu ahnen, zu sehr Kind des 18. Jahrhunderts, um nicht das Gefällige zu lieben. Auch ist ihre angeborene, naive Fraueneitelkeit kaum geringer als die einer Vigée Lebrun: nur verhüllt Angelika sie in dem Gewand, das sie der Antike entborgt. In England, in dem sie längere Zeit verweilt, wird ihre weiche, wohltemperierte, von sanften Gefühlen durchströmte Kunst sehr geschätzt.«

»...und die Schottin Anne Seymour Damer. Anmutige Büsten klassizistischer Prägung gelingen dieser meist. Allein mit dem ehrgeizigen Plane eines monumentalen Denkmals in Edinburg überschätzt sie ihre Kraft.«

»Sie versteht es, auch als ›Bürgerin‹ schön und bestrickend zu sein, veranstaltet ›römische‹ Feste ›römischen‹ Stils, bei denen ihre graziöse Gestalt in kaum verhüllender Gewandung nur um so lockender zur Geltung kommt, zieht es aber doch bald vor, die Ritterlichkeit der neuen Männer nicht auf die Probe zu stellen...«[30]

Was wollte dieser Kunsthistoriker?

Waren ihm die weiblichen Geister, die er da beschworen hatte, unter der Hand zu viele geworden, so daß er ihnen ab und zu sein »in die Ecke, Besen! Besen!« zurufen mußte?

Niemand hatte ihn schließlich gezwungen, ein Buch über Frauenkunst zu schreiben.

Weshalb hatte er sich überhaupt mit diesem Thema beschäftigt, sich die Mühe gemacht, Namen zusammenzusuchen, Bildmaterial zu beschaffen und Biographien zu erstellen? Weshalb hatte er es unternommen, Werke ins öffentliche Bewußtsein zu rücken, wenn er doch fast in jedem Satz versteckt oder offen zum Ausdruck brachte, wie wenig Mann eigentlich von Künstlerinnen zu halten habe? Aufs Ganze hatte er keine Würdigung, sondern eine Herabwürdigung der »Frau als Künstlerin« verfaßt. Die Lektüre dieses Texts war quälend, und mehr als einmal habe ich das Buch wütend an die Wand geworfen. (Ich hätte es dem Autor um die Ohren schlagen mögen.) Aber ich *mußte* es lesen, es war mir unentbehrlich geworden, denn ich mußte wissen, was es mit der Geschichte der Frauen auf sich hatte, mit *meiner* Geschichte. In diese Geschichte mußte Licht gebracht werden, damit wir endlich »mehr Erinnerung an unsere Namen« finden, »als ein Schiff Spuren hinterläßt auf seinem Weg durch die Wellen«.[31]

Wie die Lauscher an der Wand müssen wir unsere eigne Schand immer mithören, wenn wir etwas über uns erfahren wollen. Frauenkunst wird, sofern der Gnade publizistischer Erwähnung überhaupt teilhaftig, als unterste Unterabteilung der diversen Kunstsparten geführt. Auf die eigentliche, allgemeine, klassische, große Kunst, die von Männern, großen Männern stammt, folgen mit respektvollem Abstand Volkskunst, allerlei Kleinkunst, Kunsthandwerk – und schließlich ganz zuletzt die Kunst der Frauen.

Während Volkskunst differenziert wird nach Nationen und Regionen, kunsthistorischen Epochen etc. und Kunsthistoriker, die ernstgenommen werden wollen, sich kaum zutrauen dürften, die gesamte Volkskunst in einem einzigen schmalen Band zu beschreiben, verhält es sich bei der Kunst von Frauen ganz anders: bei dieser Sondersparte begnügen die Verfasser sich damit, sie – angefangen um 500 v. Chr. bis heute – in Büchern abzuhandeln, deren Umfang sich zwischen 188 und 345 Seiten (Hildebrandt, Dumont-Lexikon) bewegt.

Hier, in den Büchern des »Randphänomens der Kunst« (Dumont-Lexikon) finden sie sich, die unbekannt gebliebenen Namen und Biographien der Künstlerinnen aus 2500 Jahren – ein Randphänomen in der Tat, wenn man diese Kunst am Grad ihrer Präsenz im allgemeinen Bewußtsein mißt.

Wer sich für sie interessiert, scheint ähnlich verdächtig wie einem strengen Calvinisten der katholische Brauch, in den allerheiligsten Bezirken des Glaubens ein Wesen weiblichen Geschlechts zu verehren.

Die Zunft der Kunsthistoriker sagt beschämend wenig über dieses »Randphänomen«, indem sie beispielsweise die noch überlieferten Namen von Künstlerinnen des klassischen Altertums verschweigt[32] und dafür gesorgt hat, daß die Malerinnen der Gotik, der Renaissance, des Barock oder der Romantik so gut wie unbekannt geblieben sind.

Die Ausklammerung der Frauen aus gängigen Darstellungen der Kunstgeschichte kann kein Zufall sein. Nicht aus Gründen historischer oder künstlerischer Belanglosigkeit wird die Arbeit der Frauen beiseite geschoben. (Selbst die schlechten Abbildungen in Hildebrandts Buch ließen die Qualität der Bilder ahnen.) Das Verdrängen ihrer geschichtlichen Präsenz hat Methode: weibliche Autorschaft wird versteckt in den Winkeln frauenfeindlicher Ideologie. So setzt die Kunstgeschichte stillschweigend voraus, daß sämtliche aus der Antike überlieferten anonymen Kunstwerke von Männern stammen.

Herodot berichtet jedoch von einem lydischen Grabmal, das zu den größten Kunstwerken der damaligen abendländischen Welt zählte und hauptsächlich von Frauen errichtet worden war. Damals war dies noch auf den Säulen des Bildwerks zu lesen und wird von dem römischen Historiker Strabo bestätigt.

Aus der Diadochenzeit sind Namen von Künstlerinnen erhalten, und das berühmte Mosaik »Die Alexanderschlacht«, das sich fast in jedem Geschichtsbuch findet, ist die römische Kopie eines Gemäldes der griechischen Malerin Helena, die um 330 v. Chr. in Ägypten tätig war.

Die Namen der Frauen auf den Säulen des lydischen Grabmals sind ebensowenig überliefert wie die vieler Königinnen des Alten Ägypten: sie waren bereits im Altertum unkenntlich gemacht worden, um die Erinnerung an weibliche Herrschaft auszulöschen.

Vermutlich aus ähnlichen Gründen fehlen Vasaris Berichte über

Frauen in sämtlichen, derzeit gängigen gekürzten Ausgaben seines kunsthistorischen Werks »Leben der großen Maler«. Bisher war mir nicht bekannt gewesen, daß Vasari sich zu zeitgenössischen Malerinnen geäußert hatte. Bei Hildebrandt fand ich einen Hinweis, konnte aber in keiner mir verfügbaren Vasaria-Ausgabe etwas darüber erfahren. Die die Frauen betreffenden Stellen waren unauffindbar. Zufall?

Ausführlichere Vasari-Zitate entdeckte ich schließlich im vierten Stock eines alten Berliner Hauses, wo eine verstaubte Bibliothek dahindämmert, betreut von einigen älteren Damen. Ich fand sie nicht etwa in einem Buch, sondern in einem Briefumschlag. Dieser enthielt die Ausgabe einer periodischen Publikation, die, vor 50 Jahren zu Unterrichtszwecken hergestellt, Geschichte der Frauen beschrieb. Die betreffende Nummer der »Quellenhefte zum Frauenleben in der Geschichte« mit dem Titel »Die Frau in der Renaissance« war vollkommen zerfleddert und konnte, wie viele andere Hefte und Bücher, nicht neu gebunden oder geklebt werden. Dazu fehlte das Geld. Ein gut Teil der Bibliotheksbestände wird daher in Briefumschlägen aufbewahrt und kann wegen des schlechten Zustands natürlich nicht entliehen, nur eingesehen werden. Da die Bibliothek auch kein Kopiergerät besitzt, machte ich mich daran, die Vasari-Texte dort abzuschreiben:

Properzia de Rossi,
aus Bologna, war talentvoll nicht nur wie andere in häuslichen Dingen, sondern in allen Wissenschaften, daß sie nicht nur von Frauen, sondern von jedermann beneidet wurde. Sie war wunderschön von Gestalt, sang und spielte entzückender als irgendeine ihrer Zeitgenossinnen in Bologna; und sonderbar wie sie war in ihren Einfällen und höchst geschickt, gab sie sich daran, Pfirsichkerne zu schneiden, was sie mit soviel Geduld und so gut machte, daß es ein Wunder war, die Dinge zu sehen, nicht nur der Feinheit der Arbeit wegen, sondern um der Anmut der darauf geschnittenen Figuren und ihrer hübschen Art der Anordnung willen.

Und unbegreiflich blieb es in der Tat, wenn man auf einem so kleinen Kern die ganze Passion Christi mit einer Menge Figuren außer den Kreuzigern und den Aposteln aufs vollkommenste geschnitten sah. Dadurch ermutigt, und da man gerade drei Türen der Vorderseite von S. Petronio mit Marmorfiguren schmücken wollte, frug sie durch ihren Mann bei den Kirchenvorstehern an, ob ihr nicht ein Teil der Arbeit übergeben werden könnte, worauf diese sehr gern eingingen, sobald sie etwas von Marmor von ihrer Hand gesehen haben würden. Deshalb fertigte sie sogleich für den Grafen Alessandro das Bildnis seines Vaters Guido de Peppoli nach dem Leben aus feinstem Marmor, eine Arbeit, die nicht nur den Vorstehern, sondern der ganzen Stadt wohlgefiel. Deshalb ward ihr ein Teil jener Arbeit übertragen. Alle Welt erachtete dieses Werk für außerordentlich schön. Indes wollte sie für diese Kirche nichts mehr machen, obschon niemand da war, der sie nicht aufgefordert hätte, fortzufahren, als Meister Amico (Amico Aspertini, Bologneser Maler), der aus Neid ihr immer mehr den Mut benahm, bei den Kirchenvorstehern geringschätzig von ihr sprach und so viel Bosheit gegen sie ausübte, daß sie für ihre Arbeit sehr schlecht bezahlt wurde. Sie fertigte zwei sehr große Engel in Relief von guten Proportionen, welche man freilich gegen ihren Willen noch heutzutage in derselben Kirche sieht (man glaubt, daß es die beiden Engel sind, welche neben der Himmelfahrt von Tribolo stehen, in der II. Kapelle von St. Petronio).

Sodann fing sie auch an, in Kupfer zu stechen, was ihr über alles Lob wohlgelang. Der Ruhm dieses edlen und bevorzugten Genies ging durch ganz Italien und gelangte endlich auch zu den Ohren des Papstes Clemens VII. Es war zu der Zeit, als er den Kaiser in Bologna gekrönt hatte, daß er nach ihr frug, allein erfahren mußte, daß sie in derselben Woche gestorben war...

Plautilla.

Indessen hat es nicht an solchen gefehlt, welche sich mit Properzia, obschon sie vorzüglich zeichnete, in der Zeichnung hätten vergleichen können, sondern die in der Malerei geleistet, was jene in der Bildhauerkunst.

Unter diesen eine der ersten ist Schwester Plautilla, Nonne und jetzt Priorin des Klosters S. Caterina di Siena in Florenz am Platz von San Marco, die, nachdem sie ein wenig zu zeichnen und die Gemälde großer Meister in Farben zu kopieren angefangen, einige Sachen mit solcher Sorgfalt ausgeführt hat, daß sich Künstler darüber wundern mußten. Von ihrer Hand sind zwei Tafeln in der Kirche des genannten Klosters S. Caterina, doch rühmt man vornehmlich jene mit der Anbetung der Magier. Im Kloster S. Lucia in Pistoia ist eine große Tafel im Chor, mit der Madonna, das Kind im Arm, und den Heiligen Thomas, Augustin, Maria Magdalena, Catarina von Siena, Agnes Catarina Martyrin und Lucia, und eine andere große Tafel im versandte der Hospitalverweser von Lelmo. Im Refektorium des mehrfach genannten Klosters S. Caterina ist ein großes Abendmahl, und im Arbeitssaal eine Tafel von ihrer Hand; und für die Häuser der Edelleute zu Florenz fertigte sie so viel Bilder, daß es zu lang dauern würde, von allen zu erzählen. Ein großes Bild der Verkündigung ist im Besitze der Frau des Herrn Mandragone, eines Spaniers, und ein andres ähnliches Bild hat Madonna Marietta Fedini. Ein Madonnenbildchen befindet sich in S. Giovanni in Florenz, und in S. Maria del Fiore eine Predella, worauf die Lebensgeschichten des Hl. Zanobius sehr schön dargestellt sind. Und da diese ehrwürdige und talentvolle Schwester, ehe sie große Tafeln ausführte, sich mit Miniaturen beschäftigte, so befinden sich viele kleine sehr schöne Bilder in verschiedenen Händen, von denen weiter zu reden hier nicht not tut.

Von ihren Arbeiten verdienen jene den Vorzug, die sie nach anderen gefertigt hat, woraus man sieht, was sie Gutes geleistet haben würde, wenn sie so leicht wie ein Mann nach dem Leben hätte studieren und zeichnen können. Wie wahr dies ist, sieht man an einer Geburt Christi, einer Kopie des Bildes, das Bronzino für Filippo Salviati gemalt hat; ferner daran, daß in ihren Werken die Mienen und Gestalten der Frauen, die sie nach Gefallen betrachten konnte, bei weitem besser und natürlicher sind als die männlichen. So hat sie z. B., in einem ihrer Werke einen weiblichen Kopf Madonna Costanza de' Doni, ein Muster von unglaublicher Schönheit in unseren Tagen, abgebildet, so vortrefflich, daß man von einer um genannter Ursachen willen wenig geübten Künstlerin nicht mehr verlangen kann.

Lucrezia. Sofonisba.
Gleicherweise hat sich unter Anleitung des Alessandro Allori, einem Schüler Bronzinos, Madonna Lucrezia, Tochter des Alfonso Giustella de la Mirandola und nun Gemahlin des Grafen Clemente Pietra, mit glücklichem Erfolg dem Zeichnen und Malen gewidmet, wie man an vielen Bildern und Bildnissen von ihrer Hand sehen kann, die jedes des Lobes würdig sind.

Aber mit größerem Eifer und anmutiger als irgendeine Dame unserer Zeit hat sich Sofonisba aus Cremona, Tochter des Messer Amilcaro Anguissola, um die Zeichenkunst bemüht, da sie nicht nur zeichnen gelernt und malen und vortrefflich nach der Natur und nach Kunstwerken kopieren, sondern nach eigener Erfindung seltene und schöne Gemälde fertigte. So ist es gekommen, daß König Philipp von Spanien, der durch den Herzog Alba von ihrem Talent und ihren Verdiensten gehört, nach ihr geschickt und sie mit großen Ehren nach Spanien hat kommen lassen, wo sie bei der Königin lebt, einen beträchtlichen Gehalt bezieht und vom ganzen Hof wie ein Wunderwesen angestaunt wird. Und es ist nicht lange her, daß Messer Tommaso Cavalieri, ein römischer Edelmann, außer einer Cleopatra von Michelangelo gezeichnet, ein Blatt von Sofonisbas Hand an Herzog Cosimo (Medici) geschickt, worauf man ein Mädchen sieht, das über einen Knaben lacht, der weint, weil er die Hand in einen Korb voll Krebse – von einem derselben in den Finger gekniffen wird; eine Zeichnung, daß man nichts Anmutigeres und Natürlicheres sehen kann, und daß ich sie gern – zum Andenken an Sofonisbas Talent, und weil bei ihrem Aufenthalt in Spanien Italien wenig von ihr besitzt – in mein Zeichenbuch aufgenommen habe. So können wir mit dem göttlichen Ariosto und in Wahrheit sagen: die Frauen haben hohen Ruhm gewonnen in jeder Kunst, der sie sich zugewendet.[33]

Meine Freude über die Entdeckung, daß Vasaris Kunstgeschichte – im Gegensatz zu dem, was mir bekannt war – nicht nur die Maler, sondern auch die Malerinnen behandelte, blieb nicht lange ungetrübt. Zunächst verdroß mich die bemerkenswerte Perfektheit, mit der die Frauenartikel aus seinem Werk herausgekürzt worden waren.
Wie kamen spätere Herausgeber dazu, mit einer Einigkeit, die of-

fenbar weder der Rechtfertigung noch auch nur der Erwähnung bedurfte, sämtliche Spuren von Frauen aus dieser Kunstgeschichte zu tilgen? Die zweite Irritation betraf Vasari selber.

War die Bedenkenlosigkeit durch ihn schon vorprogrammiert, mit der sein Text von der Ungehörigkeit gereinigt wurde, weiblicher Kunstübung Erwähnung getan zu haben?

Bei näherem Vergleich mit den Äußerungen über männliche Künstler fällt auf, daß schon Vasari – der »Erfinder der Kunstgeschichte« sich instinktsicher eines ›double standards‹ bediente, der späteren Kunsthistorikern offenbar Muster war. Er behandelt Frauen mit der Methode von Zuckerbrot und Peitsche, schmeichelt ihnen und lobt sie über die Maßen, feiert sie als begnadete Genies, deren Ruhm ganz Italien erfüllt, um sich der Beschreibung ihrer Werke dann nur sehr zurückhaltend zu widmen. Daß er Sofonisbas Zeichnung in sein Zeichenbuch aufgenommen hatte, verrät sich durch die Art seiner Darstellung als nette Geste, chevareleske Verbeugung. Überhaupt benimmt er sich Frauen gegenüber wie ein Kavalier. Was er zu ihrer Arbeit sagt, ist dünn, bleibt vage, legte es nahe, darüber hinwegzugehen, sich nicht weiter mit ihr zu befassen. Es hat wenig Gewicht – und dieses geringe Gewicht überträgt sich auf die Einschätzung der Kunst der Frauen. Sie wurden mit Vasaris Lob aus der Kunstgeschichte hinauskomplimentiert.

Seine Huldigung mag so überschwenglich geraten sein, weil er es, ebenso wie Dürer, überhaupt für »ein groß Wunder« hielt, »daß ein Weib solches tun kann«. (Dürer über eine Zeichnung von Susanna Horebolt).

Dürer war immerhin aufgeschlossen genug, die Qualität dieser Zeichnung so hoch zu schätzen, daß er sie der Künstlerin abkaufte und dies in seinem Tagebuch vermerkte. Er hatte es offenbar nicht nötig gehabt, die künstlerische Arbeit einer Frau herabzuwürdigen.

Wenn Lexika und Kunstgeschichtsbücher es nicht vorziehen, die Werke von Frauen zu verschweigen, bedienen sie sich solcher Praktik.

In Lexikonartikeln über malende Frauen fand ich das Wort »Dilettantin«, während im gleichen Fall über einen malenden Mann »Autodidakt« zu lesen war. Frauennamen aus der Antike verkleidet man mit dem Epiteton »sagenhaft« oder »der Sage nach«. Bei Männern scheinen sich derlei Charakterisierungen zu erübrigen. Und wie sind folgende Bemerkungen gemeint?

»Das sehr schöne, wie vom Teufel besessene und nicht gerade verschämte Mädchen war eine Zeitlang die Königin der Bälle auf dem Montmartre und Gast in vielen Ateliers. Renoir liebte ihre perlmuttne Haut, Puvis de Chavannes schätzte ihren grazilen Körperbau, Lautrec ihr Gesichtchen, auf dem er im Widerspruch zu ihrer Jugend so etwas wie Traurigkeit entdeckte. Mit 18 Jahren brachte sie ihren unehelichen Sohn Maurice zur Welt, den ein mitleidiger Spanier namens Utrillo adoptierte. Nun wurde Suzanne Valadon häuslicher.«
(Knaurs Lexikon Moderner Kunst über die Malerin Suzanne Valadon)

Das Dumontsche Künstlerinnen-Lexikon setzt die sexistische Herabwürdigung gegenüber Frauen fort. Die inadäquate Platzverteilung widmet einer Leni Riefenstahl mehr Zeilen als Artemisia Gentileschi, der größten Künstlerin, von der wir bisher Kenntnis haben. Erwähnung findet die modische Wiener Surrealistin Gundi Groh, hingegen fehlen Künstlerinnen wie Cécile Douard, die belgische sozialkritische Malerin der Borinage oder Gilberte Dumont, die die Tradition des belgischen Realismus oft ins Phantastische gewandelt gegenwärtig fortsetzt, ferner die spanische Realistin Carmen Laffon (geb. 1934) oder die schwedische Spätromantikerin Sofia Ribbing. Der Anspruch auf »wissenschaftliche Akkuratesse« wird zweifelhaft, dem die Autoren Jörg Krichbaum und Rein A. Zondergeld wohl meinen genügt zu haben, während sie den amerikanischen Feministinnen Karen Petersen und J. J. Wilson eine diesbezügliche Mängelrüge erteilen.[34]
Artemisia Gentileschi wird eine »Vorliebe für das Gewalttätige und Ambivalent-Erotische« unterstellt, dies jedoch zugleich als Erfindung von Caravaggio klassifiziert. Die Liste der 39 Bilder von Artemisia, die 1977 von italienischen Feministinnen nachgewiesen wurden, vermerkt nur ein einziges Bild, das »die Vorliebe für das Gewalttätige« unter Beweis stellen könnte: das in den Uffizien befindliche »Judith enthauptet Holofernes«. Ambivalent-Erotisches als künstlerisches oder lexigraphisches Beurteilungskriterium ist ein völlig neuer Begriff – er wäre auf viele, von Männern stammende Kunstwerke, wenn überhaupt, mit mehr Berechtigung anzuwenden als auf Artemisias. Der Artikel über sie beschäftigt sich mit den Männern Caravaggio, Orazio Gentileschi und Agostino Tassi. Über ihre Bilder wird wenig mehr gesagt, als daß sie »der Neapolitaner Schule einen ersten Eindruck von Caravaggios künstlerischer Revolution vermittelten«.

Die Kunst der
doppelten Buchführung

Es empfiehlt sich, in einem Lexikon »Gegenproben« zu machen. Wenn in einem Artikel über eine Frau berichtet wird, mit welchen Künstlern sie zusammengearbeitet hat, so unterbleibt fast immer bei den entsprechenden Stellen über die betreffenden Männer die Erwähnung der Frauen aus der Künstlergruppe ihres Umkreises. Unter dem Stichwort ›Morisot‹ las ich, wie ihr Zeitgenosse Manet durch sie zur Freilichtmalerei angeregt worden war.

»...man geht wohl nicht fehl in der Annahme, daß Manet sich erst durch ihre Vermittlung für die Freilichtmalerei und die viel hellere Farbigkeit der Impressionisten interessierte.«

Zuvor, im gleichen Artikel, findet sich folgende Information:

»...aber bald sollte sie sich von der Kunst Manets angezogen fühlen, und sein Einfluß, vermischt mit dem Corots wird vor allem während der Jahre 1875 und 1876 sichtbar.«[35]

Ob für ein Künstlerleben von 54 Jahren der in einem Jahr sichtbar werdende Einfluß so hoch zu veranschlagen ist? In dem Artikel über Manet, im gleichen Lexikon, wird Morisot folgendermaßen erwähnt: »...er malte viele Porträts, so Berthe Morisot, die seine Schülerin war.«[36]
Hätte er sie nicht porträtiert, wäre ihr Name überhaupt genannt worden?
Der Einfluß anderer Künstler auf Manet wird schonend als Anregung beschrieben:

»Es ist gar kein Zweifel, daß er sich unmittelbar von Bildern der ›alten Meister‹ anregen ließ. So kann man im ›Frühstück im Freien‹ Raffael erkennen, in der ›Olympia‹ Tizian, der ›tote Torero‹ ist eine fast exakte Replik des ›toten Kriegers‹ von Velazquez, und das Bild ›Dos de Majo‹ von Goya findet seine Entsprechung in der ›Erschießung des Kaisers Maximilian‹. Niemals freilich werden aus diesen Entlehnungen Nachbildungen (was ist denn da der Unterschied?/G. B.), sondern stets wirkliche Schöpfungen. Es ist ihm ganz gleich, ob er von einem Objekt, einer Gestalt oder einem anderen Bild angeregt wird.«[37]

Manet hatte völlig recht, sich nicht darum zu kümmern, ob man ihn des Plagiats zeihen würde. Etwas interessierte ihn, und er machte es sich zu eigen, nahm es sich, übernahm es: eine Komposition, einen Bildvorwurf, Farbigkeit, was auch immer, er verfuhr damit nach seinem Gutdünken.

Die buchhalterische Angst vor dem Zugriff auf Einfälle anderer oder der Alleinvertretungsanspruch bei irgendeiner Erfindung ist in der Kunst völlig fehl am Platz; ebensogut könnte man einem Künstler verbieten, Landschaften oder Gebäude zu malen.

Bei Malerinnen aber bedient man sich der doppelten Buchführung. Wo ihr Einfluß auf Männer nachweisbar wäre, unterbleibt seine Erwähnung, wo sie hingegen das Grundrecht auf künstlerische Aneignung der Erfindungen anderer für sich beanspruchen, wird ihnen Epigonalität unterstellt – schlimmer noch, sie gelten als Kopistinnen ihrer Vorbilder.

Das Kopieren von Bildern war von der Renaissance bis ins 19. Jahrhundert üblich und zum Studium der Malerei unerläßlich. Kopieren bedeutet, ein Werk getreu dem Original nachzuarbeiten. Die Formulierung »kopierte täuschend« fand ich nur im Zusammenhang mit Künstlerinnen, »täuschend« suggeriert Betrug, als wolle die Malerin ihre Kopie für das Original ausgeben. Dahinter verbirgt sich das Vorurteil von der mangelnden Eigenständigkeit der Frauen: die Malerin kann deshalb so genau das Original nachpinseln, weil es ihr an künstlerischer Substanz fehlt, die ihr dabei im Weg steht. Sie versetzt sich völlig in die Gedanken- und Bildwelt des Künstlers, fühlt sich ein, ordnet sich unter, ahmt nach. Das gelingt ihr viel perfekter als einem Mann, weil es eben zum weiblichen Wesen gehört, nachschaffend, allenfalls interpretierend tätig zu sein. (Erstaunlich, daß gerade die interpretierenden und nachschaffenden Männer den Ruf besonderer künstlerischer Potenz genießen: Dirigenten z. B. oder Theaterregisseure.)

Für die Künstler der Renaissance gab es einen Begriff von Originalität, der mit dem des 20. Jahrhunderts nicht vergleichbar ist. Das Vorbild der Meister bestimmte den Stil der Werkstatt und war verbindlich für alle Lehrlinge und Gesellen. Trotzdem käme niemand auf die Idee, über Raffael zu sagen, er habe zunächst seinen Lehrer Perugino »täuschend imitiert«, und seine späteren Werke ließen eine »starke Abhängigkeit von seinem Vorbild« Michelangelo erkennen.

Das Werk eines männlichen Künstlers wird nicht geschmälert durch den Umstand, daß sich darin Einflüsse anderer Künstler (Lehrer, Vorbilder) ablesen lassen.
Über ein Bild von Artemisia Gentileschi, deren Werk mit dem von Caravaggio zum Bedeutendsten der italienischen Malerei des 17. Jahrhunderts zählt, fand ich folgenden Text:

»In diesem Werk, das möglicherweise in Florenz entstand, zeigt Artemisia Gentileschi sich mit dem Stil Caravaggios bereits voll vertraut. Dieser große lombardische Maler machte den scharfen Kontrast zwischen Licht und Dunkel zum grundsätzlichen Prinzip der Werke seiner Reifezeit (vgl. den Schlafenden Cupido im Saal der Erziehung Jupiters). Die Malerin folgt auch dem Stil ihres Vaters Orazio Gentileschi, der ein treuer Anhänger des caravaggesken Realismus war. Vor allem die Farben, deren leuchtende Weiß- und Gelbtöne eine Vorliebe für optische Effekte verraten, sind für die florentinische Malerschule dieser Zeit typisch. Die Maria Magdalena der Gentileschi in diesem Saal zeigt das noch deutlicher.«

»Mit dem Stil Caravaggios vertraut / folgt dem Stil ihres Vaters / typisch für die Malerschule der Zeit« – das läßt kaum originäre Gestaltungskraft vermuten, sondern vermittelt den Eindruck, die Künstlerin habe sich ohne die mindeste eigene Erfindungsfähigkeit an vorgegebene Methoden gehalten, ungefähr so, wie dies die Lehrlinge in den Werkstätten der Meister während ihrer Ausbildung zu tun hatten.
Auf derselben Seite wurde der Einfluß eines Vorbilds und einer Schule auf einen Zeitgenossen der Artemisia folgendermaßen beschrieben:

»Joos Sustermanns' Bildnis Waldemar Christians, Prinz von Dänemark.
Der flämische Maler war ab 1619 als Portraitist am mediceischen Hof tätig. In dieser Eigenschaft schuf er, auch am österreichischen Kaiserhof, viele Bildnisse, deren Qualität oft durch die Eingriffe der Werkstatt gelitten hat. In der Galerie und den Prunkräumen befinden sich viele seiner Portraits, die zu den besten der dort ausgestellten zählen. In diesem Bild spürt man die Schulung durch Velazquez, der Sustermanns stark inspiriert hat. Die flämische Herkunft des Malers wird in der minutiösen Malweise des großen, weißen Spitzenkragens und des damaszierten Panzers spürbar, das junge Antlitz ist eindringlich und lebendig geschildert.«[38]

Schule wird hier zur Schulung, Einfluß zur Inspiration, die Malweise ist minutiös, schildert eindringlich und lebendig und »verrät« nicht »Vorliebe für optische Effekte«.
Diese beiden Zitate finden sich in Marco Chiarinis Buch »Palazzo

Pitti – Kunst und Geschichte«. Es gehört zu jenen preiswerten, farbigen, vielsprachigen Kunstbänden, wie sie in Florenz und anderen italienischen Städten den bildungsbeflissenen Touristen an Kiosken und Bücherständen vor den Museen angeboten werden.

Der breitgestreute Einfluß solcher auflagenstarken Publikationen ist sehr viel höher zu veranschlagen als der eines anspruchsvollen kunsthistorischen Aufsatzes in einer Fachzeitschrift – sie prägen die gängige Meinung entscheidend, weil sie sich an ein Publikum richten, das ihnen aufgrund mangelnder Kunstkenntnisse nichts entgegenzusetzen weiß.

Artemisia Gentileschi, dem konventionellen Sustermanns in jeder Hinsicht überlegen, hätte eine andere Einschätzung verdient.

Daß es kein einziges Buch gibt, das ihr Werk angemessen darstellt, ist eine beschämende Unterlassung.

Ihre Judith-Bilder lösen dieses in der Renaissance häufige Thema aus einer Konvention, die dem Gegenstand nicht gerecht geworden war. Judith mit dem Haupt des Holofernes wurde traditionell nicht anders dargestellt als Salome mit dem Haupt des Johannes (auch Elisabetta Siranis Judith-Bild entspricht diesem Zeitgeschmack). Der Bildbegriff, den die Ikonographie aufwies, war der der Frau mit dem Schwert, der des lasziven, mörderischen Weibes. Selbst manche Lukretia-Darstellung war in diesen Zusammenhang geraten.

Es blieb unberücksichtigt, ob eine Frau wie Judith ein politisches Attentat zur Rettung ihres Volkes ausführte oder ob sie wie Salome als Objekt der Politik an der Enthauptung eines Mannes beteiligt war: meist finden wir eine prachtvoll gekleidete, schöne Frau mit dem Schwert in der Hand, frontal zum Betrachter.

Artemisia Gentileschis Bilder verweisen auf eine andere Art der Auseinandersetzung. Sie vermitteln den Akt der Ermordung in seiner ganzen Grausamkeit, zeigen die Tragweite des Entschlusses und seiner Ausführung. Mir ist kein Bild bekannt, in dem das Töten als solch schwere und fürchterliche Arbeit dargestellt ist. Die Künstlerin begnügt sich nicht mit einer ästhetisch-stillebenhaften Zurschaustellung weiblicher List, die die Frau in ihrer Gefährlichkeit sexuell attraktiv macht, sie läßt keine Abhängigkeit vom männlichen Betrachter oder dessen Urteil erkennen.

Artemisia Gentileschis büßende Magdalena ist ein weiteres Beispiel für ihre Unabhängigkeit. Im allgemeinen war das Thema Anlaß für die Darstellung einer gefällig entblößten, hingegossenen Frau, deren Selbstkasteiung – eher pikant als glaubwürdig – erotische Phantasien freisetzte. Tintorettos Bild im kapitolinischen Museum zu Rom zeigt eine Magdalena mit verhärmtem Gesicht und umflortem, nach oben gewendetem Blick – eine Art Call-Girl Gottes, das sich vor den Augen des begehrlichen Betrachters zum Liebesdienst an IHM, dem allmächtigen Rivalen, anschickt, ein Schlüssellochbild, das voyeuristische Genüsse bietet.

Vergleichbare Darstellungen mit einem männlichen Protagonisten machen den Unterschied deutlich: Hieronymus, der sich kasteiende Büßer, appelliert gewiß nicht an erotische Wünsche eines weiblichen Publikums. Er wird ebenfalls entblößt gezeigt, die Attribute sind die gleichen: Totenschädel, Buch, eine Grotte oder felsige Landschaft; Hieronymus allerdings bleibt in seiner Meditation stets seiner selbst bewußt, bleibt Handelnder.

Magdalena als Handelnde, als Kontemplative, in sich selbst Versenkte und sich selbst Genügende war selten Thema für männliche Künstler – außer Artemisias Bild im Palazzo Pitti sind mir nur die von Georges de La Tour bekannt, der die Figur vom Betrachter abgewandt zeigt und dessen spröde, strenge Kompositionen auf jede Koketterie verzichten.

Artemisias Bild – durch die Gestik, den Ausdruck des merkwürdig fremden, wachen Gesichts, die bewegte Figur, den reichen Faltenwurf eher dramatisch, Schulter und Dekolleté entblößt – läßt nicht zu, daß der Betrachter hier zum imaginären Liebhaber wird. Diese Frau ist kein Objekt für diffuse Assoziationen, sondern eine, die sich in innerer Auseinandersetzung befindet, eine Frau, die denkt.

Es ist fast unmöglich, Reproduktionen von Bildern der Artemisia Gentileschi zu finden. Literatur über sie gibt es nur in den jüngsten Publikationen amerikanischer Feministinnen, die damit begonnen haben, die Lücken zu füllen, die die Kunstgeschichte bisher gelassen hat. In Lexika und Künstlermonographie-Serien, wie z.B. ›Welt in Farbe‹, ›Forma e colore‹, ›Grands Peintres‹, handelt es sich bei dem Namen Gentileschi stets um Orazio, Artemisias Vater.

Bei einem Vergleich der beiden Künstler besteht für mich kein Zweifel daran, daß die Tochter die wichtigere, die größere Könnerin ist, die, ähnlich wie Raffael Perugino, ihren Vater und Lehrer weit hinter sich ließ.

Weshalb war über ihn verhältnismäßig viel, über sie dagegen fast nichts zu finden? Weshalb gibt es eine Werkmonographie über Orazio in der Serie ›Maestri del' colore‹ und keine über Artemisia? Es ist unmöglich, beim Studium vom Leben und Werk des Orazio nicht auf seine Tochter zu treffen.

Viele Malerinnen haben nicht nur im Zusammenhang mit dem, was in ihrer Zeit üblich war, gearbeitet, sondern individuelle Beiträge geleistet. Ihr Werk zeigte Unabhängigkeit und oft eigene Deutungen der vorgegebenen Thematik, die über die ihrer männlichen Zeitgenossen hinausgingen.

In dem Gruppenporträt der Sofonisba Anguissola, »Die Schwestern beim Schachspiel«, ist ein künstlerisches Konzept verwirklicht, das außer bei den Niederländern erst im 19. Jahrhundert wieder aufgegriffen wurde: das Festhalten eines Augenblicks, einer intimen Szene, sehr im Gegensatz zur damals üblichen Auffassung, deren repräsentativer Aspekt den Betrachter als ein im Bild mitgedachtes Gegenüber voraussetzte.

Sofonisba hat den Unwillen zeitgenössischer und späterer Kritiker ihrer vielen Selbstporträts wegen erregt. Man glaubte, ihr vorwerfen zu dürfen, sie schaue allzu gern in den Spiegel. Mit solchen Bemerkungen würde man bei Selbstporträts von Männern vermutlich zögern. Mir ist jedenfalls nicht bekannt, daß sich etwa Rembrandt oder Dürer derartige Vorwürfe hätten gefallen lassen müssen. Daß Frauen gern in den Spiegel schauen, mag als liebenswürdige Schwäche hingehen, solange sie nicht kraft einer selbstbewußten Handlung dazu führt, daß sie diese Betrachtung für die Nachwelt festhalten und sich beim Blick in den Spiegel nicht nur schmücken und fragen, wie sie IHM wohl gefallen werden.

Ob sich hinter dem Vorwurf der allzu großen Eitelkeit die Angst verbirgt, Frauen könnten sich selber erkennen und wären dann nicht mehr ausschließlich darauf angewiesen, ihre Selbsteinschätzung an ihrer Wirkung auf Männer abzulesen?

Nicht nur durch den Blick in den Spiegel, den die Malerin beim Selbstporträt tut, geschieht es, daß die Frau, auch die Betrachterin von Kunst, sich ihrer selbst gewahr wird. Die Bilder, die die Frauen gemalt haben, geben ein Zeugnis von der historischen Dimension der Existenz der Frauen. Diese Integration in geschichtliche Zusammenhänge wird Frauen vorenthalten, und damit werden sie um eine Dimension des Mensch-Seins gebracht. Sie werden zu ahistorisch-archaischen Wesen ohne jede Fähigkeit zur Reflexion. Begründet wird die Ausblendung des weiblichen Beitrags zur Kultur mit der

Behauptung, Frauen hätten keine bedeutenden Leistungen hervorgebracht. Es gibt keinen weiblichen Leonardo, wird triumphierend festgestellt. Doch haben beispielsweise auch die Schweden keinen Leonardo aufzuweisen. Ein Velazquez vergleichbar einflußreicher Künstler ist aus diesem Volk auch nicht hervorgegangen und es gibt weder einen schwedischen Poussin, noch einen schwedischen Manet. Und doch findet niemand etwas dabei, daß es schwedische Künstler gibt, daß diese Nation ihre Kunst erforscht und sammelt, daß sie sie bewahrt und pflegt und in ihren Museen ausstellt. Obwohl kein Impressionist aus Schweden dem Vergleich mit den großen französischen Künstlern der Zeit standhalten kann, wird kein Mensch auf den Gedanken kommen, zu behaupten, dieses Volk habe daher auch nicht das Recht, einen Anspruch auf eine eigene künstlerische Tradition anzumelden. Aber es hat ja auch keinen deutschen Leonardo gegeben, keinen deutschen Poussin, keinen deutschen David und keinen deutschen Bronzino. Dürer ist eben anders. Niemand wird Dürer an Michelangelo messen – oder Cranach an Botticelli. Es ist klar, daß man mit solchen Vergleichen niemandem gerecht werden kann. Künstler müssen innerhalb ihres eigenen historischen und sozialen Umfelds beurteilt werden. Dies gilt auch für Künstlerinnen. In einer patriarchalen Gesellschaft leben Frauen nicht in derselben Welt wie Männer, da sie diesen nicht gleichgestellt sind. Sie machen andere Erfahrungen – vergleichbar denen eines Volks unter Fremdherrschaft. Unter solchen Bedingungen entsteht nur selten Kunst von größerem Einfluß. So hat es in Griechenland seit Praxiteles keinen Bildhauer vergleichbaren Rangs mehr gegeben. (Wurde diese Kunst dort seitdem etwa nur von Frauen betrieben, oder waren es nicht vielmehr weiterhin Männer, die den Meißel führten?)

Eine angemessene Bewertung der Kunst von Frauen kann allerdings nicht gelingen, wenn ihre Werke, wie bisher üblich, aus dem historischen Kontext der Kunst der Männer herausgefiltert und bloß im Zusammenhang mit »Frauenkunst« im weiblichen Ghetto gezeigt werden. Vielmehr müßten beispielsweise Sofonisba Anguissolas Porträts neben denen von Lorenzo Lotto, Artemisia Gentileschis Bilder neben den zeitgenössischen Carravaggisten und vor allem neben Carravaggio selber sichtbar gemacht werden, Mary Cassat neben Degas und Renoir, Maria Ellenrieder neben Pfohr oder Overbeck, Kathe Bunce neben D. G. Rosetti …

51   Mary Cassatt (1844 Pittsburgh – 1926 Mesnil-Théribus): Das Bad.
Art Institute of Chicago.

Cécile
Douard
(1866 Rouen –
1941 Brüssel):
Ausruhende
Schlepparbeiterin.

53
Cécile
Douard:
Die Halde.

54 Paula Modersohn-Becker (1867 Dresden – 1907 Worpswede):
Stillende Mutter.

55 Rechte Seite: Paula Modersohn-Becker: Stehender weiblicher Akt.
Bremen, Kunsthalle.

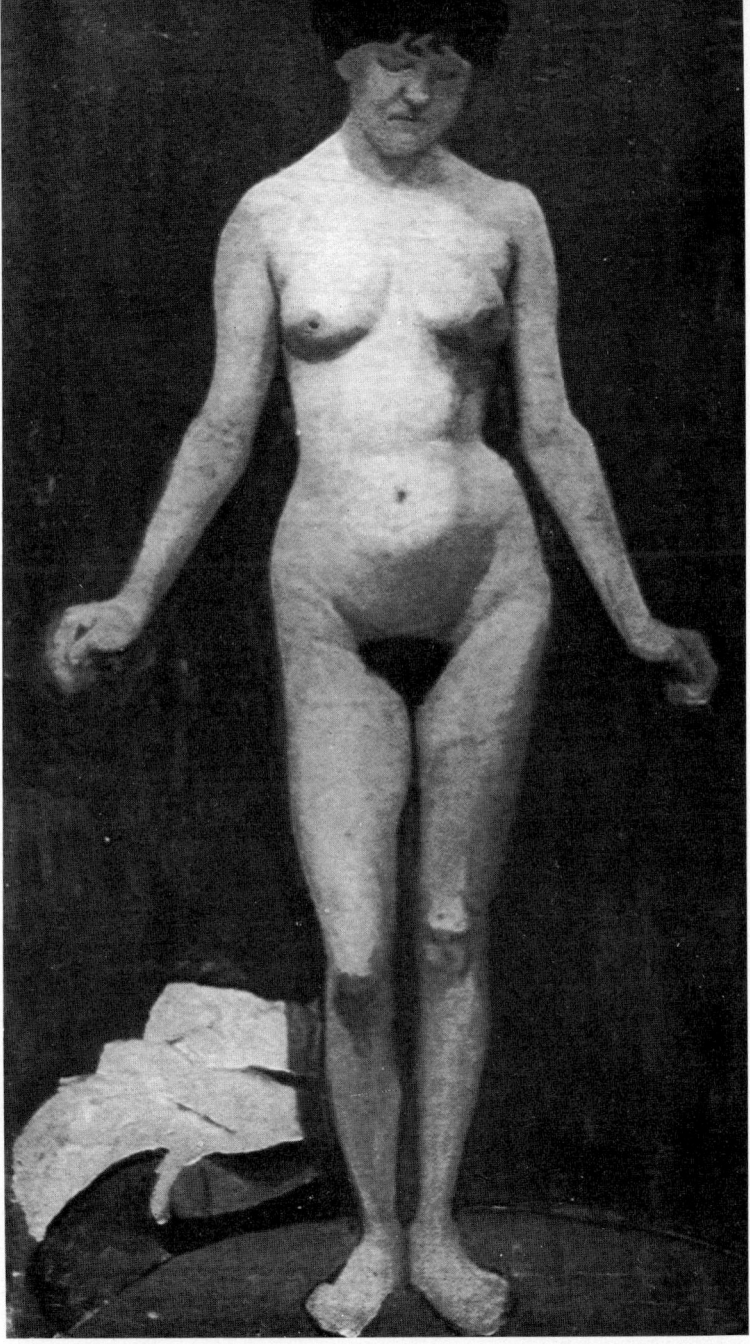

Nagel lith '28
Die unvollkommene
Ehe.

57 Gwen (Gwendolen) John (1876 Pembrokeshire – 1939 Dieppe:
Atelierinterieur.

56 Hanna Nagel (1907 Heidelberg – 1975 Heidelberg):
Die unvollkommene Ehe.

58   Maria Moreno (geb. 1933 Madrid, lebt in Madrid): Jardin de atrás con sol.

In einer Gesellschaft von Menschen zweierlei Geschlechts muß der Beitrag beider in Kultur und Geschichte zugänglich sein und mit derselben Sorgfalt und Aufmerksamkeit gesichert werden.

Davon sind wir weit entfernt.

Weiterhin fehlen die Frauen in den jeweiligen historischen Zusammenhängen, weiterhin werden sie ignoriert und ›vergessen‹. Damit wird es dem weiblichen Menschen unmöglich gemacht, sich als geschichtliches Subjekt zu erleben, als Wesen mit historischem Bewußtsein. Seit Jahrtausenden betreiben Philosophie und Geistesgeschichte die Aussonderung des Weiblichen und verbannen es in die niederen Bezirke von Immanenz und Notwendigkeit, um mit der so gewonnenen Rückstoßenergie den männlichen Höhenflug in die Transzendenz zu vollführen. Das Fehlen des Weiblichen in diesen Sphären wird dann, wenn überhaupt, mit einem geschlechtsspezifischen Mangel begründet, obwohl dieser Mangel ja gerade hierdurch erst geschaffen wurde. Doch haben Frauen wie Männer die Fähigkeit und das Bedürfnis, ihre Existenz zu transzendieren. In ihrer Kunst und in ihrem Denken haben sie dies geleistet. Hieraus eine weibliche Tradition zu schaffen, ist ihnen bisher aber nicht gelungen, und so müssen wir Frauen uns der Spuren unserer historischen Präsenz immer wieder aufs neue vergewissern und sie verteidigen gegen eine misogyne Geschichtsschreibung. Doch die Kunst der Frauen wird nicht nur schlecht rezensiert. Sie wird auch schlecht aufbewahrt, schlecht archiviert und katalogisiert.

»Leider ist die Zahl der verbürgten Frauenschöpfungen sehr gering. Die Werke der gefeierten Hofportraitistin Elisabeths I., Lievine Benics, sind ebenso verschollen, wie jene Mayken Verhulsts, die ihrem Enkel, dem Sammet-Brueghel den ersten Malunterricht erteilte.«[39]

Lievine Benics (auch Levina Teerling) war um 1546 am Hof Heinrichs VIII. tätig, neben ihrem zeitgenössischen Kollegen Hans Holbein, dessen Werke in großer Zahl erhalten und in einer Fülle von Publikationen zugänglich sind. Daß Levina Teerling als Hofmalerin mindestens ebenso geschätzt war wie ihr Konkurrent, mag man darin verbürgt sehen, daß sie ein höheres Salär vom König bezog als dieser.

Von der großen Zahl der Gemälde von Plautilla Nelli (1523–1588 Florenz), die bei Vasari nachgewiesen sind, sind nur wenige erhalten geblieben.

Als Françoise Duparc 1778 in Marseille starb, befanden sich 41 Gemälde in ihrem Atelier. Heute gibt es noch vier Bilder, die nachweislich von ihr stammen.

Marie Guilhelmine de Benoist war zu ihren Lebzeiten eine berühmte Malerin, jedoch ist ihr Werk weitgehend verschollen, und es gibt nur sehr wenige Bilder, deren Zuschreibung gesichert ist.

Vermutlich beteiligt am Verschwinden von Benoists Werk war folgende ›double-bind‹-Situation: Die Künstlerin war auf der Höhe ihres Ruhms dazu gezwungen, ihre Karriere zugunsten der ihres Mannes aufzugeben, ein Verzicht, der mehr als einer Frau auferlegt gewesen sein dürfte, ohne dokumentiert zu sein.

Die Beförderung ihres Mannes Pierre Vincent Benoist zum Conseiller d'Etat war an die Bedingung geknüpft, das Auftreten seiner Frau als Künstlerin in der Öffentlichkeit habe künftig zu unterbleiben.

Hätte die Malerin sich der Beförderung ihres Gatten widersetzt oder sich von ihm getrennt, so hätte sie im damaligen Frankreich als Künstlerin vermutlich keine Chance mehr gehabt, nirgendwo mehr ausstellen können und darüber hinaus ihre soziale Existenz vernichtet. Ob der Verzicht des Herrn Benoist auf eine eigene Karriere derjenigen seiner Frau tatsächlich genutzt hätte, ist schwer zu sagen. Möglich, daß es ihm dann so ergangen wäre wie J. S. Mill, der sich gesellschaftlicher Ächtung aussetzte, diffamiert, verfolgt und schließlich in die Emigration gezwungen worden war, weil er keine Gelegenheit versäumte, die geistige Ebenbürtigkeit von Harriet Spencer und ihren Anteil an seinem Werk zu betonen.

In dem folgenden Zitat aus einem Brief Marie Benoists an ihrem Mann deutet sich die Tragödie an:

»...mein Herz klagt [weil]... ich gezwungen bin... ein Vorurteil der Gesellschaft zu befriedigen, der man sich schließlich unterwerfen muß. Aber so viele Studien, so viel Anstrengung, ein Leben in harter Arbeit und nach langer Zeit... Erfolge – in ihnen jetzt fast einen Grund zur Demütigung zu sehen, diesen Gedanken könnte ich nicht ertragen. Ja, gut... ich bin vernünftig... Meine Selbstachtung ist zu tief verletzt worden. Laß uns nie mehr darüber sprechen, sonst wird die Wunde wieder aufreißen...«[40]

Wie viele solcher Briefe sind wohl geschrieben worden? Wie viele verlorengegangene heimliche Aufzeichnungen dieser Art mag es gegeben haben? Und wie viele dieser Gedanken sind in halbbewußter Empörung nie geäußert, kaum eingestanden worden?

Jäger und Sammler

Selbst Malerinnen aus jüngerer und jüngster Vergangenheit sind schon jetzt nur mehr schwer auffindbar.

Das riesige Tryptichon der Mary Cassatt, gemalt für die Weltausstellung in Kolumbien von 1893 »ist tragischerweise verlorengegangen oder wurde zerstört«.

»(Es) muß gesagt werden, daß die Ergebnisse der Zwanziger Jahre für uns nicht voll befriedigend waren. Wir wissen aus alten Unterlagen, daß es zahlreiche Malerinnen in dieser Periode... gegeben hat. Aber die Bestände der Museen sind relativ gering.«[41]

So schreibt Sibylle Niester im Katalogvorwort von »Realismus der Zwanziger und der Siebziger Jahre«.

Sicherlich, auch die Werke männlicher Künstler gehen verloren: das Hauptwerk Grünewalds versank bei einem Transport nach Schweden in der Ostsee, einige der wenigen noch erhaltenen Bilder Signorellis wurden im Zweiten Weltkrieg zerstört, von Georges de La Tours Gemälden ist nur ein geringer Teil erhalten, ebenso von Georgiones, um nur einige Beispiele zu nennen.

Doch der Verlust dieser Kunstwerke konnte nicht die Präsenz ihrer Urheber in unserem Bewußtsein auslöschen, ihr Andenken wird gepflegt, die wenigen erhaltenen Werke sind in Museen und Reproduktionen zugänglich.

Für die Kunst der Frauen gilt das Gegenteil: schon die Namen einstmals sehr berühmter Künstlerinnen, deren Werk noch existiert, sind vergessen oder tauchen allenfalls auf, wenn es darum geht, das »Randphänomen« zu illustrieren. Ihre Bilder sind schlecht zugänglich, sie werden in den Museen oft nicht ausgestellt, sondern verbleiben in den Depots. (Von den über 20 Malerinnen, die in der Nationalgalerie Berlin vertreten sind – innerhalb der Gesamtzahl der Künstler ohnehin stark unterrepräsentiert – hängen derzeit 4 (!) Bilder in der Ausstellung.)

Frauen, deren Werk völlig verloren ging – eher die Regel als die Ausnahme –, haben keinen Platz in der Kunstgeschichte.

Nun hat es wohl häufiger Frauen gegeben, deren Arbeit schon zu ihrer Zeit die verdiente Anerkennung nicht finden konnte. Die Aussicht auf ihre kunsthistorische Rehabilitierung reduziert sich auf ein Minimum: einstmals falsch eingeschätzte Werke von Frauen dürften kaum überlebt haben.

Was jedoch noch erhalten geblieben ist, wäre ein Fundus, der trotz der durch jahrhundertelange Vernachlässigung entstandenen Verluste – genauer erforscht und zugänglich gemacht – ausreichte, um eine weibliche Tradition zu begründen. Dieser Fundus wird uns bislang nicht auf Hochglanzpapier und in Kupfertiefdruck präsentiert, und Frauen, die wissen wollen, was ihre Vorfahrinnen gedacht und gemalt, geschrieben und komponiert haben, können nicht einfach in eine Buchhandlung oder Bibliothek gehen und sich dort die entsprechenden Texte und Abbildungen heraussuchen (wie Männer). Bei Frauen sind für solche Unternehmungen erhebliche Vorkenntnisse vonnöten sowie ein enormer Einsatz an Zeit und Geduld. Die Werke, die sie suchen, finden sich weder in sorgfältig edierten Werkmonographien noch in Kunstkalendern, weder auf großformatigen Plakaten, noch in Schullesebüchern, sondern, wenn überhaupt, meist als kleine Schwarzweiß-Reproduktionen, versehen mit unangemessenen Begleittexten. Was nur unter derart erschwerten Bedingungen verfügbar ist, bleibt für das allgemeine Bewußtsein so gut wie inexistent und unterstützt weiterhin die irrige Auffassung, Frauen hätten niemals in der Geschichte irgendwelche erwähnenswerten Leistungen hervorgebracht. Solange das hartnäckige Schweigen anhält, in den Institutionen der Wissensvermittlung, in den Verlagen und Bibliotheken, in den Museen, Bildungseinrichtungen, bei der Vergabe von Forschungsmitteln und bei der Vergabe von Dissertationsthemen, wird sich die öffentliche Meinung über die Fähigkeiten des weiblichen Geschlechts nicht ändern und Frauen werden weiterhin isoliert und ohne Unterstützung durch Geld, technische Hilfsmittel und Forschungseinrichtungen da und dort vereinzelt versuchen, die Lücken der Geschichtsschreibung zu füllen und sich dabei aufreiben in einem verzweifelten Kampf, bei dem bisher noch jede neue Frauengeneration um die Früchte der Arbeit der vorangegangenen betrogen worden ist.

»Was kümmerst du dich um die paar Malerinnen, die es vielleicht einmal gegeben hat? Sicher, die Geschichte ist oft ungerecht, und viele gute Kunst ist unbekannt geblieben, hat nie den ihr zukommenden Platz erhalten. Aber wahrscheinlich gibt es mehr verkannte Männer unter den zu Unrecht Vergessenen als Frauen. Es ist Unsinn, hier patriarchalische Willkür oder absichtliches Beiseiteschieben der Frau zu vermuten« – sagten meine Freunde.

In der Tat, in vielen Ausstellungen und Museen habe ich hervorragende Bilder von völlig unbekannten Künstlern gesehen, die eine angemessenere Dokumentation verdient hätten. Das Werk vieler Künstler wird unter dem Namen eines berühmt gewordenen Kollegen geführt, entweder als »Umkreis von…« oder »Werkstatt von…« und ist unter den Namen der Autoren nirgendwo zu finden.

Der Markt konzentriert sich auf wenige Namen, die zugkräftig sind, Begriffe geworden sind, Kunstwerke teuer machen. Die gesamte Kunstgeschichte, so wie wir sie heute vorfinden, ist nichts weniger als eine gesicherte Beschreibung der künstlerischen Aktivität vergangener Zeiten. Sie basiert in hohem Maß auf Vermutungen, Irrtümern und mehr oder weniger bewußten Fälschungen. Gefälscht wurde in der zeitgenössischen Kunstszene ebenso wie danach. Künstler signierten Bilder, die nicht von ihnen stammten, um ihr Werk mit der Arbeit anderer zu verbreiten oder um lukrative Verkäufe für weniger von Ruhm begünstigte Freunde zu arrangieren. Kunsthändler entfernten Signaturen, um sie durch Namen zugkräftigerer Vertreter derselben Richtung zu ersetzen. Bilder wurden später übermalt und völlig verfälscht (z. B. das Jüngste Gericht in der Sixtinischen Kapelle). Sie wurden auseinandergeschnitten (z. B. Zeichnungen von Grünewald und Gemälde von Rosso Fiorentino). Sie wurden von ihren ursprünglichen Standorten entfernt, durch Restaurierungsfehler völlig verändert, sie verrotten in Kirchen, sie verstauben in den Kellern und Magazinen der Museen, die den für umfangreiche Restaurierungen erforderlichen Etat oft nicht haben.

»Die Kunstgeschichte zerstört ebensoviel, wie sie erhält«, sagte mir ein Freund – ein Kunsthistoriker. Und er betonte, dies sei keineswegs nur eine passive Zerstörung, die einfach durch Vergessen stattfände – es sei viel zu oft und öfter, als je bekannt werde, eine aktive Zerstörung:

Ein altes Gebäude wird restauriert; welcher Zustand im Verlauf seiner vielhundertjährigen Geschichte ist der authentische? Ist es z. B. derjenige unmittelbar nach Fertigstellung, mit Deckenbemalung beispielsweise aus dem 13. Jahrhundert oder der Erweiterungsbau aus dem 15. Jahrhundert mit Deckengemälden der Hochrenaissance? Oder der Zustand nach der Barockisierung? Irgendeines dieser Zeitalter, dieser Epochen wird als das »ideale« klassifiziert – Bemalungen neuerer Zeiten (Klassizismus / Historismus z. B.) werden abgetragen, um die barocken herauszuholen –, wohin kommen die späteren? Was ist mit den darunterliegenden aus Renaissance oder Gotik? Sie werden für bedeutungslos erklärt und einer Idee von Authentizität geopfert. Spätere Zeiten mögen dann händeringend den Verlust eines – sagen wir klassizistischen – Kunstwerks beklagen, das nun unwiederbringlich verloren bleibt. Möglich, daß es sich dabei um das bedeutendste Werk eines klassizistischen Künstlers gehandelt hat, von dem sonst kaum Nennenswertes zu finden ist und der mit solcher Denkmalspflege auf Nimmerwiedersehen aus der Kunstgeschichte verschwindet.

Wie sähe die Einschätzung von Michelangelo aus, wenn sein Jüngstes Gericht in der Sixtinischen Kapelle nicht nur durch die Übermalung der nackten Figuren verfälscht, sondern vollständig durch ein anderes Gemälde ersetzt worden wäre – unter einem Papst, der das Riesenfresko für einen atheistischen Greuel gehalten hätte? Wenn dieses Hauptwerk fehlen würde und nicht mehr wiederherstellbar wäre?

Wir hätten eine ganz andere Vorstellung von ihm – eine nicht mehr veränderbare andere Vorstellung. Bilder, die verschwunden und nicht mehr sichtbar zu machen sind und von deren Existenz wir nur noch durch schriftliche Aufzeichnungen, Legenden oder Anekdoten etwas wissen, können uns keinen Eindruck mehr vermitteln über das, was da verlorenging und lassen keine Einschätzung eines Künstlers mehr zu.

Solche Zerstörung – von der durch Kriege und Brände einmal abgesehen – widerfährt zwar dem Werk von Männern und Frauen, aber Frauen sind aus vielen Gründen von ihrer Wirkung wesentlich stärker betroffen. Zum einen bedeutet die Vernichtung eines wichtigen Kunstwerks von weiblicher Hand schon allein deswegen einen weit größeren Verlust, weil solche Werke selten sind. Jeder solche Verlust liefert zum zweiten den Verfechtern weiblicher Minderwertigkeit Argumente – ein Problem, das bei der Zerstörung von Werken männlicher Künstler überhaupt nicht vorkommt. Zum dritten ist die Überlebenschance bei Kunst von Frauen weitaus geringer, weil sie für weniger wichtig gehalten und daher auch nicht sehr sorgfältig geschützt wird. Wir Frauen können sicher sein, daß sich unter den Kunstwerken und sonstigen Hervorbringungen der menschlichen Kultur, die vor atomarer Vernichtung geschützt und strahlensicher aufbewahrt werden, nicht ein einziges Werk einer Frau befindet, auf daß die Menschheit dann, sollten Reste von ihr dieses Desaster überstehen, endlich ein für allemal von jeglicher Erinnerung an weiblichen Geist und weibliche Kunst befreit sein wird. Diesen Ernstfall vor Augen, können wir damit rechnen, daß der Anteil der Frauen an der bildenden Kunst auch in der Vergangenheit weitaus größer gewesen sein muß, als sich heute noch rekonstruieren läßt.

Die Verluste jedoch sind endgültig.

Die Zuordnung eines Kunstwerks unbekannter Herkunft ist mühselig – ist es weder signiert noch datiert, wirft es Probleme auf, deren Lösung möglicherweise zugunsten der Präsentation besser erforschter Werke unterbleibt. Ein schwer klassifizierbares Bild wird eher im Fundus eines Museums verschwinden als eines von gut dokumentierter Provenienz. Wo die Etats zur Pflege der überlieferten Kunst ohnehin schmal sind, werden nur die wichtigsten Werke gut restauriert und aufbewahrt.

Wichtige Werke sind Werke von anerkannten Künstlern. Frauen finden sich selten unter ihnen. Vermutlich nicht nur, weil ihnen weniger Aufmerksamkeit zukommt, sondern auch, weil bei ihnen die Zuordnung öfter zweifelhaft sein dürfte.

Ich halte es für sehr wahrscheinlich, daß Frauen ihre Bilder seltener signiert haben als Männer. Sie werden schon lang gewußt haben, daß sie sie, mit einem Frauennamen versehen, entweder gönnerhafter Anerkennung oder unsachlicher Herabwürdigung aussetzten – beides nicht wünschenswert für eine Künstlerin, die ihre Arbeit ernst nimmt.

Im ›Anonymus‹ stets einen Mann zu vermuten, ist zu einer Konvention der Kunstgeschichtsschreibung geworden. Jedoch dürften sich gerade unter den Anonymi viele Bilder von Frauen finden.

Aber die patriarchalische Gesellschaft läßt weibliche Autorschaft nur dort gelten, wo sie zweifelsfrei dokumentiert ist.

Der Streit um die beiden Figuren Synagoga und Ecclesia am Straßburger Münster ist ein Beispiel dafür. Weiterhin sträuben sich die Kunsthistoriker dagegen, Sabina von Steinbach (um 1300) als ihre Schöpferin anzuerkennen.

Mittelalterliche Bildteppiche, Stickereien und Altardecken werden uns als höfische oder als Kirchenkunst überliefert, und nicht, sofern sie aus Nonnenklöstern stammen, als Werke von Frauen. Wer denkt schon daran, den legendären Teppich von Bayeux mit Frauen in Verbindung zu bringen?

Zur Zeit der Herrade von Landsperg, deren mit über 600 Miniaturen ausgestattetes Hauptwerk »Hortus deliciarum« 1870 in Straßburg verbrannte, oder der Hildegard von Bingen, jener kunstsinnigen und gelehrten Äbtissin, Verfasserin von prophetischen Texten mystischer Versenkung und Künstlerin illuminierter Handschriften, deren Hauptwerk »Sci vias« hier erwähnt sein soll, waren viele Frauen des Hochadels Äbtissinnen. In den Klöstern, den Bildungszentren des Mittelalters, entstand Kunst von hervorragender Qualität – Kunst von Frauen. Wie wäre es mit einem »in dubio pro femina«, statt wie bisher Kunst ungeklärter Herkunft insgesamt dem männlichen Geschlecht gutzuschreiben?

Beim Gang durch Museen, bei der Betrachtung der feinziselierten Namensschilder, die, in die Rahmen der Bilder eingelassen, so viel Autorität und Gewißheit ausstrahlen, wird ein Besucher kaum vermuten, wie schwierig die exakte Zuordnung von Kunstwerken ist.

Selbst hinter weltberühmten Namen wie Frans Hals, Greuze und David verbarg sich öfter das Werk einer Frau, als man annehmen mag.

Sollen wir uns darüber beklagen oder uns darüber freuen, wenn wir erfahren, daß z. B. Bilder von Marietta Tintoretto lange Zeit als Werke ihres Vaters Jacopo galten?

Vielleicht wären sie ohne den Schutz des großen Namens längst untergegangen.

Philiberte Ledoux' Gemälde waren irrtümlich Greuze zugeschrieben worden, und Adélaide Labille-Guiard mußte sich gegen die Unterstellung wehren, ihr Lehrer Vincent habe ihre Bilder gemalt. Erst um 1893 wurde bekannt, daß ein als Meisterwerk von Frans Hals gerühmtes Bild (Der fröhliche Zecher) nicht von ihm, sondern von Judith Leyster stammte. Ihre Bilder waren – obwohl von der Malerin signiert – später großzügig der männlichen zeitgenössischen Kollegenschar zugeschlagen worden: neben Frans Hals auch Gerard van Honthorst und Jan Molenaer.

Die Aufklärung dieses Irrtums bewirkte einen Preissturz für Frans Hals. Die Vorstellung, daß eine Frau und nicht er Urheber weiterer unter diesem Namen geführter Bilder sein könnte, ließen sie – und die seines Umkreises an Wert verlieren. (Inzwischen hat sich der Kulturbetrieb wieder beruhigt und auf seine Art mit der Existenz einer Judith Leyster abgefunden: man geht nunmehr dazu über, dieser Künstlerin sämtliche schwächeren Werke von Frans Hals zuzuschreiben.)

Gemälde vor allem des 16. und 17. Jahrhunderts wurden häufig nachträglich vom Kunsthandel und willfährigen Kritikern berühmten und hochdotierten Meistern zugeschrieben – und Signaturen entsprechend gefälscht.[42] Von den Porträts der Barock-Malerin Aleida Wolffsen wurden die Signaturen entfernt, um die Bilder als von Nicolaes Maes und Casper Netscher stammend[43] auszugeben.

Fehlzuschreibungen in umgekehrter Richtung hat es auch gegeben: Rachel Ruyschs geachteter Name diente dazu, die Werke von weniger geschätzten männlichen Künstlern gewinnbringend aufzuputzen.

Die Zuschreibungsirrtümer haben eine eindeutige Tendenz: ein hervorragendes Bild von einer Frau wird – weil nicht sein kann, was nicht sein darf – einem männlichen Zeitgenossen zugeschrieben und bereichert damit seine Hinterlassenschaft um ein zusätzliches Meisterwerk.

Ein mäßiges Bild von einem Mann wird – wieder, weil nicht sein kann, was nicht sein darf – einer bekannten Frau zugeschrieben und verfälscht damit ihre Hinterlassenschaft um ein Opus, das der Geringschätzung gegenüber weiblicher Kunst eine weitere Legitimation liefert.

Von Constance Marie Charpentier weiß man, daß mehr als 40 ihrer Bilder in zeitgenössischen Salons ausgestellt waren. Heute ist der größte Teil dieser Gemälde unauffindbar, »...entweder, weil sie in Privatsammlungen untergegangen sind, oder weil sie den Namen eines berühmteren Malers tragen...«[44] Ihr Porträt »Mademoiselle Charlotte du Val d'Ognes«, gefeiert als ›the Metropolitan David‹, war 1917 für 200 000 Dollar als Meisterwerk von Jacques Louis David an das Metropolitan Museum, New York, verkauft worden, und es ist zu bezweifeln, ob dieser Preis für ein Gemälde der Madame Charpentier zu erzielen gewesen wäre. Es ist auch nicht sicher, ob es in dieser Eigenschaft als »geheimnisvolles Meisterwerk« gelobt oder von André Maurois mit folgenden Worten beschrieben worden wäre:

»Ein ungefälliges Porträt einer intelligenten, einfachen Frau im Gegenlicht – getaucht in Schatten und Geheimnis... ein vollkommenes Bild, unvergeßlich.«[45]

Nachdem er den Nachweis erbracht hatte, daß es von Charpentier stammte, beeilte sich der Direktor des Museums, Prof. Sterling, zu verkünden, daß ihm dieses Bild noch nie besonders gefallen habe.

Nicht nur Davids Ruhm vereinnahmte mehr als ein Werk einer zeitgenössischen Frau (nachweislich das »Porträt des Schauspielers Dublin-Tornelle« von Adélaide Labille-Guiard und das »Porträt des Geigers Bruni« von Flore Davin-Mirvault), selbst der Name Leonardo da Vinci war nicht zu gut für das Werk einer Künstlerin, einem Gruppenporträt von Sofonisba Anguissola, so daß es in der Tat gegeben hat, was die Kunsthistoriker lautstark und mit scheinheiligem Bedauern vermissen: einen weiblichen Leonardo.

Genügen die aufgedeckten Irrtümer bei den Zuschreibungen eigentlich nicht, um das Vorurteil von der geringeren künstlerischen Fähigkeit der Frau aus der Welt zu schaffen?

Nicht nur aufgrund irrtümlicher Zuschreibungen verschwinden Frauen aus der Kunstgeschichte. Mitunter tragen ihre Porträts nur den Namen der dargestellten Person, so z.B. das häufig reproduzierte Schiller-Porträt von Ludovike Simanowiz oder das Caspar-David-Friedrich-Porträt der Karoline Bardua (die bei der großen Caspar-David-Friedrich-Retrospektive nicht vertreten war, obwohl sie zum engeren Kreis um Friedrich gehört hatte).

Wenn Zeitalter besichtigt werden, geschieht es ohne die Frauen: Malerinnen waren nicht vertreten bei der Retrospektive der deutschen Romantik in Paris, die von den Franzosen daher mit Recht als Präsentation der ›frères de Werther‹ bezeichnet wurde; sie waren kaum vertreten in der Ausstellung »Tendenzen der Zwanziger Jahre« in Berlin. Im Hauptteil der Ausstellung blieb der Topos »Künstler und Modell« als die hergebrachte Beziehung zwischen männlichem Maler und weiblichem Akt bestehen. Eine private Galerie hat es unternommen, den »Beitrag der Frau in der Kunst der Zwanziger Jahre« gesondert darzustellen. Unter den 88 Künstlern der großen Ausstellung »Symbolismus in Europa« befand sich nur eine einzige Frau, Elisabeth Sonrel. Weder Elizabeth Eleanor Siddal noch Kate Bunce, noch Evelyn de Morgan waren vertreten. Die Symbolismus-Ausstellung wollte einen großen Überblick schaffen und nicht die Glanzleistungen einiger weniger Künstler herausstellen. Dieses Vorhaben hätte eigentlich dazu verpflichtet, auch die Malerinnen des Symbolismus zu zeigen. Bekanntlich legten die

Künstlergruppen immer großen Wert darauf, Frauen aus ihren Vereinigungen explizit fernzuhalten. Ganz in diesem Sinn handelten denn auch die Ausstellungsveranstalter, die mit der Ausschließung der Frauen diese schlechte Tradition fortsetzten, statt sie endlich zu überwinden.

Aufruf zum Hausfriedensbruch

*Alle Probleme der heutigen Frau als Künstlerin und
Arbeiterin sind gesellschaftliche Probleme, darum fordern
sie allein gesellschaftliche Lösungen – alles andere
von ›Natur‹ und ›Bestimmung‹ usw. ist Wortgeschwätz.
Was wissen wir davon? Was wissen wir von unserer Bestimmung
oder den Absichten der Natur? ... Wir wissen nur von den
gesellschaftlichen Bestimmungen und Irrungen ...*

Lu Märten, Die Künstlerin, 1919

Während meiner Suche nach den Spuren der Frauen in der Geschichte begannen sich Bücher, Notizen, Aufzeichnungen in meinem Arbeitszimmer zu häufen. Mein Atelier verwaiste zeitweilig, und traurig betrachtete ich die eingetrocknete Palette, die angefangenen Bilder.

Ich versuchte, mich mit anderen Frauen über die Probleme der Künstlerinnen zu verständigen. Es gab kontroverse Standpunkte und sehr extreme Positionen.

Am Vormittag nach einer durchdiskutierten Nacht begann ich mißvergnügt, die leeren Weingläser und die vollen Aschenbecher wegzuräumen. Die Küche sah schlimm aus. Wie lange hatte ich schon kein Geschirr mehr abgewaschen? Während ich mir Kaffee kochte, dachte ich daran, wie es wäre, verheiratet zu sein.

Meine Frau wäre natürlich längst aus dem Haus, die Kinder in der Schule. Vor dem Weggehen heute morgen hätte sie noch alles aufgeräumt, die Küche wäre sauber, der Eisschrank, aus dem ich eben ein Restchen Käse hervorkramte, wohlgefüllt. Sie hätte mir ein Frühstücksgedeck hergerichtet, so daß ich mir nur den Kaffee zubereiten müßte, was sie lobend als außerordentliche Selbständigkeit meinerseits verbuchen würde.

Sie würde halbtags arbeiten, und so bliebe ihr genug Zeit, Haushalt und Familie zu versorgen.

Mit Vergnügen und Stolz würde ich das Gedeihen meiner Kinder beobachten, Fragen beantworten, Berichte meiner Frau über ihre und der Kinder Sorgen niemals abfällig oder ungeduldig zurückweisen, denn schließlich ist es doch abscheulich, eine so wichtige Arbeit

wie die der Haushaltsführung oder der Kindererziehung geringzu-
schätzen.

Später zöge ich mich zum Arbeiten zurück, ins Atelier oder an den
Schreibtisch, und meine Frau würde dafür sorgen, daß mich niemand stört. Besuchten mich Freunde, so würde sie sich um uns
kümmern, wie damals die Frau meines Kollegen. Bei abendlichen
Gesprächen würde ich ihr auseinandersetzen, wie wichtig es ist, die
verschollenen Werke der Frauen an die Öffentlichkeit zu bringen
und über die Schwierigkeiten der Künstlerinnen-Existenz zu berichten. Sie würde dieses Engagement loben, da sie ja aus eigener
Erfahrung wüßte, wie schwer es für eine Frau ist, Haushalt, Familie
und Beruf zu bewältigen.

Von der Lebenssphäre der Frau war gestern abend viel die Rede
gewesen. Sie in die Kunst einzubringen, sie zum Bildthema, zum
Arbeitsthema zu machen, sei die Künstlerin verpflichtet, hatte die
eine der beiden Freundinnen gefordert. Aus dem weiblichen Le-
benszusammenhang erwachse eine neue, weibliche Ästhetik. Sie
hatte von Brüsten gesprochen, von runden Formen, Innenräumen,
von Vagina und Klitoris. Sie meinte, die weibliche Sexualität, lang
genug diskriminiert oder als nicht existent ignoriert, müsse offensiv
in der Kunstsprache benannt werden, Frauen sollten ihre Formen-
Erfindungen an ihr orientieren, aus ihr schöpfen. Ihren Körper solle
die Frau als künstlerisches Instrument verwenden. Sie berichtete
von provozierenden Aktionen, von Künstlerinnen, die nackt durch
eine Bankfiliale gegangen sind oder ihre Brüste haben betasten lassen. Es war auch von einer Künstlerin die Rede, die die Merkmale
weiblicher Sexualität, vom Körperzusammenhang getrennt, betont
herausgestellt und zu Chiffren abstrahiert hat, zu Dreiecken und
Halbkreisen mit Punkten. Mit dieser Methode werde patriarchale
Gewalt aufgezeigt und der verordnete Objektstatus des Weiblichen
entlarvt.

Während ich mir ihre Argumente durch den Kopf gehen ließ und
mich an Klitorisbilder erinnerte, räumte ich Wäsche zusammen;
Seife, Binden und anderen Kram sortierend, dachte ich über meine
Körperlichkeit nach und führte die Spekulationen über das Verhei-
ratetsein weiter: Sache meiner Frau wäre es selbstverständlich, das
Bad zu putzen.

Weibliche Körperlichkeit – was hat sie eigentlich mit dem Reinigen
von Badezimmern zu tun?

Allerdings, wenn ich verheiratet wäre, würde ich mit einem Mann und nicht mit einer Frau zusammenleben. Ich selber wäre es in Gottes Namen, die Essen kochen, Kinder versorgen, Wäsche waschen, Böden putzen müßte und niemand würde sich darum kümmern, daß ich bei meiner künstlerischen Arbeit nicht gestört wäre, im Gegenteil. Sie würde als Freizeitvergnügen eingeschätzt werden, als Selbstverwirklichungs-Luxus, der mir nur nach tunlicher Erledigung der Haushaltspflichten zustände – auf Abruf. Ungestört arbeiten könnte ich allenfalls außer Haus, in lohnabhängiger Stellung, wo ich dem Zugriff der Familie durch räumliche Distanz entzogen wäre und ein Arbeitgeber für die Einhaltung von Arbeitszeit und Pflichterfüllung sorgen würde.

Ich dachte an die Künstlerinnen, in deren Schaffensprozeß es große Lücken gegeben hatte, an Judith Leyster z. B. oder auch Gilberte Dumont. Ich dachte an Paula Modersohn-Beckers frühen Tod im Kindbett, an den Selbstmord der Constance Mayer, die die Probleme der Entfremdung von ihren Kindern und die Zweifel an ihrer künstlerischen Eigenständigkeit nicht bewältigen konnte, an den Selbstmord der Elizabeth Eleanor Siddal, die – so muß angenommen werden – mit dem ›double-bind‹ eigenen Künstlertums und ihrer Funktion als Muse der Präraffaeliten nicht fertig wurde, und an Ludovike Simanowiz, die 30 Jahre lang ihren kranken Mann gepflegt hatte und deren erfolgversprechender Karriere damit vorzeitig ein Ende gesetzt worden war.

Sicherlich, die Ehe der Käthe Kollwitz und ihre Mutterschaft hinderten sie nicht an künstlerischer Entfaltung. Isabel Quintanillas Ehe mit dem Maler Francisco López scheint ihrer Arbeit keine Einbußen einzutragen – aber solche Beziehungen sind offenbar selten und ungewöhnlich; sie fallen heraus aus der üblichen Art der Arbeitsteilung zwischen Eheleuten.

Mein Verzicht auf Ehe und Mutterschaft hat nicht nur damit zu tun, daß ich von männlicher Solidarität nicht recht überzeugt bin, sondern vor allem mit einem tiefen Mißtrauen mir selbst gegenüber. Meine Erziehung, deren Maxime ein Weiblichkeitsideal war, in das zurückzufallen ich fürchte, hat mich während meiner Beziehungen zu Männern oft in innere Konflikte gestürzt zwischen dem Wunsch nach Realisierung eigener Arbeitsprojekte und deren Zurückstellung zugunsten einer harmonischen Gemeinsamkeit.

Dieses Weiblichkeitsideal – attraktives Sexidol und perfekte Hausfrau – werde, so hatten die Freundinnen argumentiert, zerschlagen und unbrauchbar gemacht durch ein parodistisches Verfahren, das weibliche Verhaltensformen aus dem Alltagszusammenhang isoliere und ad absurdum führe.

Im experimentellen Umgang mit diesen Formen, der Körperlichkeit, der weiblichen Sexualität, gewinne die Frau ihre Identität zurück. Schleicht sich dabei nicht unter der Hand – trotz entgegengesetztem Selbstverständnis – die Anklage ein: Männer, schaut, das habt ihr aus uns gemacht! So habt ihr uns haben wollen! Wird es sie sonderlich kümmern, wenn wir ihnen das zeigen? Wissen sie nicht, was sie aus uns gemacht haben?

Klitorisbilder finden sich in pornographischen Büchern, die für Frauen bekanntlich keinerlei Identifikationsmöglichkeiten bieten. Lackierte Hochglanz-Pin-ups, auf farbigen Titelseiten von Sexpostillen noch intakt, kann man beim Weiterblättern aus allen Perspektiven betrachten, sogar von innen.

Es ist zwar notwendig, daß Frauen sich ihrer Sexualität bewußt werden: das Tabu, das weibliche Genitalien nur für pornographisches Männeramüsement ausstellt, in der ›großen‹ Kunst aber weggelassen hat, muß gebrochen werden. Aber weibliche Sexualität muß in den menschlichen Zusammenhang des Körpers integriert und nicht von seiner Gesamtheit getrennt werden. Die Klitorisbilder können keine ausreichende Antwort, allenfalls ein erster provozierender Anstoß sein.

Innenräume, runde Formen, weiche Höhlen – ihre Gleichsetzung mit Weiblichkeit erinnert an psychologische Theorien etwa eines Erikson, der für Mann und Frau unterschiedliche, aber einander entsprechende Form-Welten annahm, eine ästhetische Konvergenztheorie. Solche Zuordnungen leiten sich aus undifferenzierten Analogien zwischen Sexualfunktion und hieraus entwickelten Abstraktionen her. Sie sind ebenso fragwürdig wie das Ineinssetzen von »vorwärtsdrängen = männlich« und »aufnehmen = weiblich«. Sie sind völlig willkürlich und lassen sich genausogut umkehren: der Mann verströmt sich in der Frau, gibt sich hin, gibt sich auf, die Frau bemächtigt sich seiner und schafft Neues aus ihm.

Gibt es eine weibliche Ästhetik?
Die Bereitwilligkeit, mit der der offizielle Kunstbetrieb den Frauen schon wieder Spezialgebiete zuschiebt, die als weibliche deklariert werden, beispielsweise Performance, macht mißtrauisch. Das Feminine dieses Genres, besteht es nicht auch da in der Ausstellung

des weiblichen Körpers, die dem Schauspiel oder dem Tanz näher ist als der Malerei?

Für die Entwicklung eines neuen künstlerischen Selbstbewußtseins der Frauen scheint mir diese Art der weiblichen Selbstdarstellung nicht ungefährlich, einmal wegen der nicht immer einsichtig motivierten Vorliebe, sich nackt zu zeigen, was ja nun wirklich bei Frauen eine andere Wirkung hat, als bei Männern, zum anderen, weil das Flüchtig-prozeßhafte dieser Aktionen eher dem traditionellen als einem neuen Weiblichkeitsbild entspricht. Außerdem kreisen Provokation und Anklage weiterhin im Circulus vitiosus der überkommenen Sphäre der Frau (Bügeln, Strickmaschine, Küche, Schwangerschaft), ohne daraus auszubrechen, womit die dargestellte Weiblichkeit sich auch in karikierender Verzerrung noch immer an die zählebigen hergebrachten Definitionen hält, die das patriarchalische Denken den Frauen zuschreibt.

Die Frage nach dem Charakter einer weiblichen Ästhetik war gestern in der nächtlichen Diskussion unterschiedlich beantwortet worden. Auch die Begründungen und Beschreibungen fielen verschieden aus.

Von der Lebenssphäre der Frau, ihrem Blick auf die Welt war die Rede gewesen, der so gänzlich anders sei als der des Mannes. Gerade Frauen, meinte die zweite der beiden Freundinnen, müßten wissen, wie repressiv der leistungsbestimmte Kunstbetrieb sei. Gerade sie seien dazu verpflichtet, der künstlerischen Aktivität aus dem esoterischen Käfig abgehobener Qualifikationsorientierung zu helfen, sie mit dem Leben zu verbinden, sie heranzuholen an alltägliche Selbstverständlichkeit; Spielerisches, sogar Therapeutisches des kreativen Tuns zu betonen. Frauen seien mit dem repressiven Qualitätsbegriff der sogenannten großen Kunst immer unterdrückt und in ihrer Entfaltung behindert worden. Sie sollten das Revolutionäre und Subversive einer Kunstauffassung vertreten, die sich endlich aus jeglichem Zusammenhang mit Herrschaft und Unterdrückung löst, den Menschen, allen Menschen Kunst eröffnet als befreiten Bereich für autonome Selbsterfahrung.

Die Aussage mancher feministischer Kunst, meinte ich, spreche weniger mit bildnerischen Mitteln selber, verwende nicht das Medium Bild als Botschaft, sondern versuche, »Bild« als Hilfsmittel einzusetzen, als Vehikel für den Transport von weiblichen Beschwörungsformeln oder Erzählungen, Geschichten, die aber wiederum nicht als Geschichten wahrgenommen werden sollen, sondern als

59   Isabel Quintanilla (geb. 1938 Madrid, lebt in Madrid):
El Marido de la artista dibujando Antonio Lopez.

60   Fridel Dethleffs-Edelmann (geb. 1899 Karlsruhe, lebt in Isny / Allgäu):
Selbstporträt (1932).

51　Gilberte Dumont: La Marraine-porträt de Mme L. (1938).

62   Gilberte Dumont: Les pigeons.
Sammlung Mme Pigeon, Marbaix-La Tour.

63   Isabel Quintanilla: Habitation de casa.

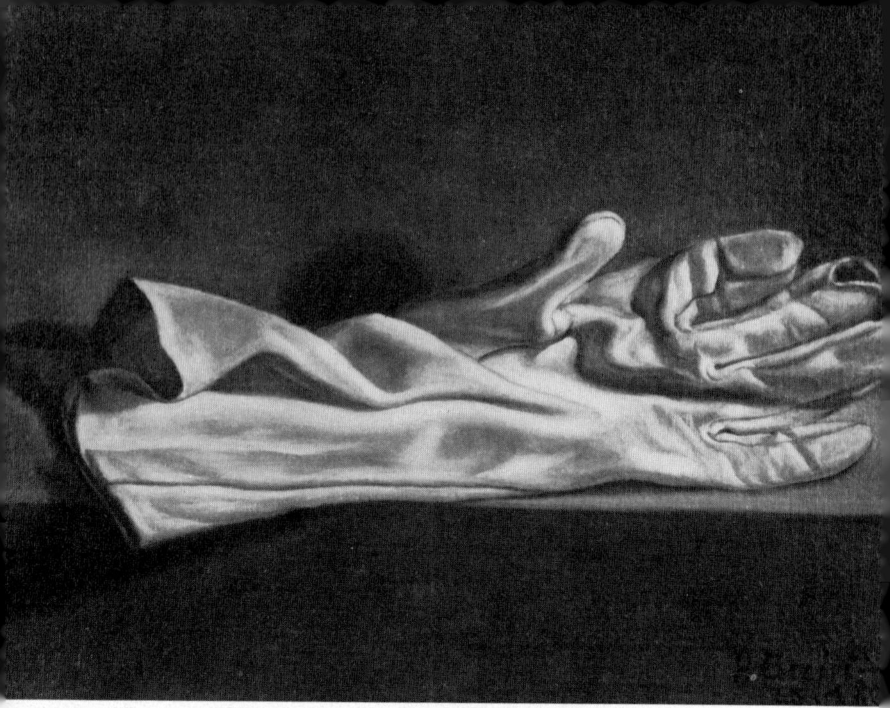

64 Gisela Breitling (geb. 1939, lebt in Berlin): Der Handschuh (1980).

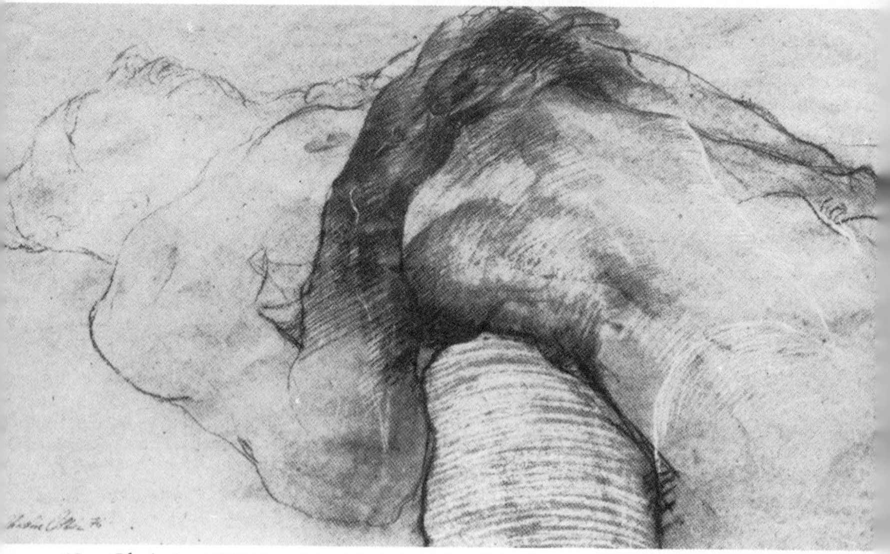

65 Christine Colditz (geb. 1943 Dresden, lebt in München): Liegende (1976).

Gisela Breitling: Bathseba (1977/78).
Privatbesitz Bad Homburg.

67 Gisela Breitling: Kopf mit aufgestützter Hand (1979).
Privatbesitz, Berlin.

Symbole stehen möchten für unausgesprochene Botschaften, die oft von den Redenden gar nicht gedacht worden sind. Die Decke feministischer Ansprüche verbirgt oft eine unterlassene künstlerische Auseinandersetzung mit dem Thema und läßt die Angeredeten leer und bilderlos, weil Ideologie angeboten wurde, statt Bildern, Gedanken, die ohne Form flach bleiben und nicht weiterwirken. Manche feministisch ausgerichtete Kunst bedient sich der künstlerischen Form im Sinn eines Vorwands. Kunst selber ist gar nicht das Anliegen, sondern etwas, das sich mit einem verschwommenen Begriff von ›Kreativität an sich‹ inszeniert.

Die Vorstellung, jede Frau könne große weibliche Kunst machen, wenn man ihr nur einen Pinsel in die Hand drücke und sie ein bißchen ermutige, ist verlogen und entwertet die Arbeit all der Frauen, die sich ein Leben lang mit Kunst auseinandergesetzt haben und dabei in vielen Fällen einen hohen Preis gezahlt haben für ihre Verweigerung des vorgeschriebenen weiblichen Lebenswegs. Diese Haltung liefert der antifeministischen Kritik Gründe für die Mißachtung weiblicher Kunst.

Sie bildet zudem die Voraussetzung für Hierarchien unter den Feministinnen, die sich immer dort besonders ausprägen, wo Bewertungskriterien verschwommen sind oder abgelehnt werden. Die vordergründig behauptete Gleichheit aller Frauen kaschiert das überkommene Mißtrauen gegenüber hervorragenden Leistungen von Frauen, das ja nicht nur bei Männern vorhanden ist. Nichts anderes als dieses Mißtrauen führte zu dem auch unter Feministinnen oft geäußerten Vorwurf, wissenschaftlich oder künstlerisch anspruchsvolle Frauen hätten sich männliches Leistungsdenken angeeignet und übten damit Druck aus auf andere Frauen, die das Privileg einer guten Ausbildung nicht gehabt haben. Dieser Vorwurf verweigert intellektuellen und kompetenten Frauen noch immer die verdiente Anerkennung, die ihnen ja seit jeher vorenthalten wird, ohne das geringste an der Tatsache zu ändern, daß es besser und weniger gut ausgebildete Frauen gibt. Auf diese Weise wird außerdem verhindert, daß die von einigen wenigen Frauen erworbenen Kompetenzen dem weiblichen Geschlecht zugute kommen. Anspruchsvolle Frauen wurden immer schon auch von Frauen (leider jetzt sogar von Feministinnen) in die Isolation getrieben.

In diesem Klima, das von Konkurrenz keineswegs frei ist, konnte manche Künstlerin zum Star stilisiert werden und Hof halten.

Die merkwürdige Treibhausluft aus Starkult und Anspruchslosigkeit brachte Blümchenkitsch und ›aussageträchtige‹ Kunstgewerblichkeit hervor, die den Frauen die Bilderwelt nicht zugänglich macht, sondern entzieht. Sie verengt die Rezeptionsfähigkeit, schafft keine produktiven Grundlagen und erweist sich als korrumpierbar und kommerziell – für den (Frauen-)Markt – ausbeutbar.

Hierarchien, die sich auf dem Boden unhaltbarer und nirgendwo eingelöster Gleichheitsansprüche heranbilden, sind gefährlicher, weil weniger sichtbar als die gewohnte Autorität.

Frauen haben es noch nicht gelernt, im Gegensatz zu Männern, ihren Geschlechtsgenossinnen kritisch und polemisch gegenüberzutreten. Die Auseinandersetzung mit den Müttern beginnt erst. Sie ist eine der Voraussetzungen für den kritischen Umgang mit Frauen und ihrer Kunst.

Bisher gerät noch jede Frau in den Verdacht, Handlangerin des Patriarchats zu sein, die sich künstlerischen Hervorbringungen von Frauen nicht stets geduldig und bewundernd zuwendet. Aber kritiklose Hinnahme ähnelt patriarchalischer Herablassung.

Frauen verfügen zwar nicht über die sozialen Ressourcen, die auch dem unbehaustesten männlichen Outlaw noch zur Verfügung stehen, sie arbeiten unter ungleich schwereren Bedingungen. Kritik und ernsthafte Einwände sind jedoch Freundschaftsdienste, die wir einander ebensowenig vorenthalten sollten wie die Freiheit zu gelegentlichen Unliebenswürdigkeiten. Die Zwangsjacke permanenten Wohlverhaltens sollten wir uns nicht auch noch selber, aus falsch verstandener Solidarität, gegenseitig anziehen.

Dissoziationen und Kontroversen sind notwendig. Sie zeigen, daß Frauen keine einheitlichen »Wesen« sind, sondern differenzierte Theorien entwickeln und unterschiedliche Standpunkte vertreten. Wenn den Frauen – als einer diesmal von weiblicher Seite homogen gedachten Geschlechtsgemeinschaft – besondere, speziell weibliche Aufgaben zukommen sollen, ist allemal Vorsicht geboten.

Das therapeutische Selbsterfahrungskonzept will Frauen für die verschüttete Glückseligkeit der geschundenen Menschheit in die Pflicht nehmen. Sie sollen helfen und heilen, verschlossene Paradiese der Kreativität öffnen – unter Zurückstellung ihrer individuellen Ansprüche, versteht sich. Es wird ihnen angeraten, sich aus den Regeln und Gesetzen der Leistungsgesellschaft herauszuhalten. Es wird ihnen vorgegaukelt, ihr Beispiel könne in ferner Zukunft auch bei frustrierten Männern einmal Schule machen. Vorderhand empfiehlt man ihnen damit, die Männer weiterhin unter sich den

Vergnügungen ihrer Rangspiele und Hackordnungen zu überlassen.
Als Retterinnen der Menschheit – einer wahrlich nicht neuen Verpflichtung des Weiblichen –, als den menschlicheren Menschen fällt Frauen dann wie von selbst auch die Nebenrolle der Onkel Toms, der Ohnmächtigen und Leidenden zu. Sie sollten sie endlich entschieden zurückweisen.

Meine Gedanken über das nächtliche Gespräch wurden zunehmend wirrer. Einerseits beunruhigte mich das Nein, mit dem ich die Argumente beantwortet hatte – kein Nein, das mich glücklich machte. Es konfrontierte mich wieder unmittelbar mit dem, was immer ungreifbarer und zugleich umgreifender wurde, mit meiner Weiblichkeit. Sie schien so gar nicht dieselbe zu sein, die die beiden Freundinnen meinten. Diese vielmehr kam mir wie ein Gefängnis vor, in dem ich schon wieder, jetzt sogar von Frauen, eingesperrt werden sollte. (Bedeutete mein Nein gegen dieses Gefängnis etwa, daß bestätigt wurde, von Frauen diesmal, daß ich wirklich keine richtige Frau war?) Auf der anderen Seite bedrängte mich die Frage, in welcher Absicht ich mich so intensiv mit der Kunst der Frauen auseinandergesetzt hatte, da ich doch immer weniger, oder immer noch nicht, wußte, was sie ausmacht, was ihr Eigentliches, ihr Wesentliches sei.
Bei Ausstellungsbesuchen habe ich schon oft versucht, herauszufinden, ob dieses oder jenes Bild von einer Frau oder von einem Mann gemalt worden sei. Und ich habe öfter falsch als richtig vermutet, es gab einfach kein Kriterium für sichere Zuordnung. Wenn Kunst von Frauen sich so wenig von der der Männer unterscheidet, weshalb sich dann mit ihr beschäftigen? Was ist das Männliche an Fantin-Latours Stilleben, was das Weibliche an Käthe Kollwitz' Radierzyklen? Was ist das Männliche an der Selbstversunkenheit der Gesichter von Odilon Redon, an den fließenden Linien eines Munch, der farbigen Subtilität eines Morandi – und was das Weibliche an den kräftig aufgesetzten Farben der Landschaftsbilder von Tina Blau-Lang, den strengen Konturen der Romaine Brooks?
Die Sehorgane der Frauen sind nicht anders konstruiert als die der Männer, das weibliche Gesichtsfeld ist ebenso groß wie das männliche. Auch die Perspektive nehmen Frauen genauso wahr wie Männer. Die Vorstellungen von der ganz anderen Frauenkunst scheinen mir ebenso geeignet, neue Unfreiheiten und Tabus zu provozieren,

wie es diejenigen vom andersartigen weiblichen »Wesen« seit jeher getan haben.

Beschränken wir uns daher auf die Feststellung, daß die gesellschaftlichen Bedingungen, unter denen Frauenkunst entsteht, andere sind als die für Männer und daher auch andere Methoden für die historische Erarbeitung und die Präsentation von Frauenkunst notwendig werden.

Bedeutet das, daß es eine weibliche Kunstgeschichte geben soll? Soll Kunst von Frauen isoliert von der der Männer gezeigt und beschrieben werden?

»...(es) setzt sich die Welle von Publikationen und Ausstellungen zum Thema ›Frau‹ unvermindert fort. Die Tatsache, daß das zeitweise zuwenig gewürdigte Phänomen der Frauenkunst immer wieder ins Bewußtsein gerückt wird – zu diesem Thema gab es in den letzten 90 Jahren über 50 Ausstellungen –, trifft dabei auf Zustimmung, andererseits jedoch auf heftige Ablehnung aufgrund der sicher berechtigten Zweifel, ob weiblichem Anliegen auf die Dauer ernsthaft gedient sei, wenn man weibliches Kunstschaffen einer gesonderten Wertung unterzieht. Wird damit nicht eine ohnehin vorhandene Gefahr der Isolierung verstärkt? Und ist das Phänomen Kunst, zumindest vom ästhetischen Wert her gesehen, an sich nicht unteilbar?«[46]

»Ich kann beim besten Willen nicht an einer Ausstellung mich beteiligen, die sich nur um die eine Hälfte der menschlichen Wesen (die Frauen) kümmert, und die andere Hälfte (die Männer) ausschließt.«[47]

Letzteres schrieb Dorothea Tanning anläßlich der Aufforderung, an der Ausstellung »L'altra metà dell' avanguardia« teilzunehmen, einer »Frauenausstellung«, die eben jene bisher ausgeschlossene andere Hälfte und ihre Kunst von 1910 bis 1940 betraf. Hätte Dorothea Tanning gezögert, sich an einer Ausstellung etwa mit dem Titel: »Neuere Malerei aus Frankreich 1950 bis 1975« zu beteiligen? Wohl kaum. Aber da wären doch noch weit mehr als »die Hälfte der menschlichen Wesen« ausgeschlossen gewesen, die deutschen Künstler und Künstlerinnen, die Engländer, Amerikaner, Schweden, Italiener etc.

Weshalb bereitet die Beschränkung auf eine bestimmte Gruppe von Künstlern im einen Fall keine, im anderen Fall so große Schwierigkeiten, daß sie abgelehnt wird? Weshalb ist eine regionale Beschränkung von Ausstellungsteilnehmern, die sicherlich hervorragende Künstler ausschließt, akzeptabel, eine internationale Ausstellung, die ein Geschlecht ausschließt, dagegen nicht?

Das Bedürfnis der Selbstdarstellung, das alle Nationen befriedigen, schließt jeweils Künstler anderer Nationen aus, ohne daß dabei von der »Gefahr der Isolation« die Rede wäre oder »sicher berechtigte Zweifel« laut würden, ob denn dem »Anliegen« einer Region oder Nation »auf die Dauer ernsthaft gedient sei«, wenn man ihre Kunst »einer gesonderten Wertung unterzieht«.

Nicht nur Nationen oder Regionen dürfen den Wunsch nach Selbstdarstellung kultivieren, auch sozialen Schichten ist er erlaubt, und es befremdet keinen Menschen, wenn eine Ausstellung »Arbeiterkunst der Jahrhundertwende« oder »Kunst der bürgerlichen Revolution« oder so ähnlich heißt.

Ausstellungen segregieren nach Techniken (»Das Aquarell« – »Handzeichnungen seit…« oder »Salonmalerei um…«), sie segregieren nach Themen (Porträt/Landschaft/Abstrakte Tendenzen), nach Zeiten und kümmern sich in keiner Weise darum, daß sie »das an sich unteilbare Phänomen Kunst« damit allen möglichen Teilungen aussetzen. Empfindlich reagiert man ausschließlich, wenn die Teilung geschlechtsspezifisch ist, und zwar in dem Sinn, daß sie nicht Frauen, sondern Männer ausschließt. Ausstellungen, die Frauen unberücksichtigt lassen, bedürfen keiner gesonderten Rechtfertigung.

Der Wunsch und das Bedürfnis nach Selbstdarstellung durch Präsentation von Kunst spielt im offiziellen Kulturbetrieb eine große Rolle. Kürzlich wurde im Fernsehen wortreich beklagt, daß kulturelle Veranstaltungen von Polen in der Bundesrepublik sehr zahlreich seien, deutsche Veranstaltungen ähnlicher Art in Polen dagegen nicht in gleicher Vielfalt oder mit gleichem Aufwand stattfänden. Man ist da sehr genau und rechnet sorgfältig gegeneinander auf.

Ich glaube kaum, daß irgendeiner europäischen oder westlich orientierten Nation auf dieser Erde in den letzten 90 Jahren weniger als 50 (!) Ausstellungen zum Zweck der Selbstdarstellung gegönnt waren.

Goethe-Institute und andere Organisationen, die ihre Auftraggeber-Länder im Ausland kulturell vertreten, beginnen langsam einzusehen, daß nicht nur sie etwas zu bieten haben, sondern daß auch ihre Gastländer eine eigenständige Kultur besitzen, die vor der Gefahr der Kolonisierung durch einseitige europäische Wertungen geschützt werden sollte. Die Fortschrittlichen unter ihnen streben daher einen Kulturaustausch an. Das Bedürfnis der ehemaligen Kolonialvölker, ihre eigene Kunst zu entdecken, zu untersuchen, vor dem Untergang zu bewahren und ihre Identität damit neu zu festigen, wird von niemandem als isolationistische Tendenz abgewertet oder »mit sicher berechtigtem Zweifel« an seiner Legitimität umsorgt. Die westliche Presse ist im Gegenteil eher geneigt, hier Versäumnisse und Kulturimperialismus anzuprangern und ein gewisses Schuldbewußtsein zu artikulieren.

Würde man die Beachtung der Kunst aus ehemaligen Kolonien in der Geschichtsschreibung »jüngeren Datums« überprüfen, so käme man gewiß zu dem Schluß, daß sie »den Vorwurf diskriminierender Auslassung«[48] nicht zu fürchten brauchte. Kolonialherren westlicher Länder haben sich gern mit exotischen Kulturtrophäen geschmückt, und es gibt eine ganze Sparte europäischer Literatur, die »den edlen Wilden« feiert.

Der Geschlechtskolonie der Frauen, die durch männlichen Kulturimperialismus an Selbstdarstellung und Entfaltung ihrer Kreativität bis in die Gegenwart hinein gehindert wird, steht bislang keine dem Goetheinstitut vergleichbare Organisation – etwa ein Mary Wollstonecraft-Institut – zur Verfügung.

Ihr Minderheitenstatus ist in vielem dem der Juden vergleichbar. Auch für Frauen galten Sondergesetze, Berufsverbote, Vorenthaltung von Bürgerrecht und Ausschluß vom Zugang zu Universitäten und anderen Bildungsstätten. Auch sie wurden in ihrer Geschichte verfolgt und zur Zeit der Hexenjagden Pogromen und Massenvernichtungen unterworfen.

Der Beitrag der Juden innerhalb der deutschen Kultur wird derzeit in einer großangelegten Dokumentation – der Bibliographia Judaica, einer seit über 10 Jahren laufenden Untersuchung – erarbeitet. Bei dieser Darstellung geht es nicht um die Würdigung von hervorragenden Einzelpersönlichkeiten; einzige Kriterien für die Registrierung beispielsweise von Autoren sind: jüdische Herkunft der Verfasser, deutsche Sprache der Texte. Internationale Größen der Literatur werden nicht anders behandelt als Produzenten von Gelegenheitsgedichten. Der soziale Hintergrund, die kulturpolitische Begründung für diese Dokumentation lassen Bedenken gegen die außerkünstlerischen Kriterien für die Erstellung der Untersuchung nicht zu.

Formale Unterschiede zwischen Kunst aus Deutschland jüdischer oder nicht-jüdischer Herkunft sind sicherlich auf den ersten Blick ebensowenig feststellbar wie solche zwischen Kunst von Männern oder Frauen.

»Die Kunstgeschichtsschreibung, zumindest jüngeren Datums braucht den Vorwurf diskriminierender Auslassung weiblicher Künstler nicht zu fürchten; im historischen Ablauf nennt sie Namen, Werke und Schicksale und gibt Beispiele besonderer Wertschätzung durch männliche Kollegen und Auftraggeber.«[49]

Diese unrichtige Behauptung diskriminiert Frauen, die die »diskriminierende Auslassung weiblicher Künstler« beklagen, und suggeriert, es gebe daher auch weiter keinen Grund, »die Welle der Publikationen und Ausstellungen zum Thema Frau« fortzusetzen. Der sporadischen Erwähnung in weitgehend unzugänglichen Werken der Geschichtsschreibung »zumindest jüngeren Datums« teilhaftig geworden zu sein, soll genügen, den Vorwurf zu entkräften.

Die Kunst der Frauen, von der Geschichtsschreibung seit jeher einer Sonderbehandlung unterzogen, muß, ähnlich wie die der Juden oder der ehemaligen Kolonialvölker, zunächst von der der Männer auch gesondert dargestellt und erarbeitet werden. Die spezielle Förderung, der die Kunst von Frauen derzeit bedarf, ist notwendig, um kompensatorisch gegen ihre jahrhundertelange Ausschließung anzugehen.

Die Dokumentation der Kunst von Frauen würde ihre Differenzierung, ihre Vielfalt, ihre regionale und nationale, ihre geistige und lebendige Individualität aufzeigen und den erratischen Block »Frau« sprengen.

Es gilt allerdings nicht danach zu fragen: was ist denn nun das Weibliche an diesem oder jenem Bild, sondern es gilt danach zu fragen, wie sieht die künstlerische Aussage dieser Frau aus.

Silvia Bovenschen beschreibt in ihrer Untersuchung zu kulturgeschichtlichen und literarischen Präsentationsformen des Weiblichen, auf welche Weise »der Reduktionismus ins Wanken gebracht werden kann«, »der die Reflexion« über das Weibliche auf die »für ›Frauenthemen‹ abgesteckten Parzellen einschränken will.«[50]

Sie betont, daß geschlechtsspezifische Positionen auch dort aufgespürt werden müssen, wo sie nicht ausdrücklich als solche verstanden werden wollen. Die minimale Beachtung andererseits, die dem Weiblichen in der Kulturgeschichte zuteil wurde, gilt es in seinen Zusammenhängen als geschlechtsgebundene und daher einseitige Orientierung dingfest zu machen, es gilt, die Erklärungsversuche, die diese Art der Beachtung mit transportieren, auseinanderzufächern und sie für die kulturgeschichtliche Präsentation des Weiblichen nutzbar zu machen. Die gesonderte Aufmerksamkeit, die der Frauenkunst zum gegenwärtigen Zeitpunkt zukommen muß, beinhaltet allerdings keineswegs die Vorstellung, alles, was von Frauen gemalt, radiert, gemeißelt oder kollagiert sei, besitze schon allein deshalb eine überragende Qualität, weil es von Frauen stamme. Eine solche Haltung ist ebenso unangebracht wie die gegenteilige, die von einem negativen Vorurteil ausgeht.

Uns fällt jetzt vielmehr die Aufgabe zu, als Archäologinnen die Spuren unserer Vergangenheit zu sichern.

Solange sie uns nicht zugänglich sind, verbleiben wir in einem Stadium der Vorgeschichte.

Was bedeutet das für Künstlerinnen?

Sollen sie Kunsthistorikerinnen werden? Als Frauen können wir uns keine Geschichtsblindheit mehr leisten, mit der wir den Zustand weiblicher Fremdbestimmtheit verlängern würden.

Unsere Vergangenheit – auch in Bildern betrachtet – ist eine andere als die der Männer. Während diese unter der Last der Tradition zusammenbrechen und gezwungen sind, »Sehweisen zu zerschlagen«, den »Louvre zu verbrennen«, gegen die Bilder ihrer Überlieferung anzurennen und noch aus der ironischen Umkehrung ihrer Muster neue Aussagen zu formulieren (wobei sie selbst in der Negation, im gelangweilten Sich-Abwenden an ihrem tradierten Menschenbild meist verzweifelt festhalten), stehen wir vor dem Nichts oder vor dem Fast-Nichts. Wir können keine belastende Tradition zerschlagen. Die Leinwände – so vermute ich – sind für uns zu neu, zu unbezeichnet, zu kostbar, als daß wir sie zerschneiden könnten. Noch kennen wir unsere Geschichte nicht, wir müssen sie erst entdecken.

Was Silvia Bovenschen für die Kulturgeschichte im allgemeinen beschreibt, böte auch im Umgang mit der Kunst für Frauen eine neue Handhabe. Sie spricht in diesem Zusammenhang von einem »immensen Vorsatz«:

»...emphatisch und beim Wort genommen, geböte er die Neuerschließung gigantischer kultur- und sozialgeschichtlicher Zusammenhänge von den Anfängen der Geschichtsschreibung bis in unsere Tage.«[51]

Es gilt, die vorgefundenen Formen zu erobern »und beim Wort« zu nehmen. Sie böten uns Rohmaterial, einen Steinbruch, den wir für neue, bisher nicht gezeigte Aspekte der menschlichen Existenz behauen oder umordnen könnten.

Die Töchter könnten sich aufmachen zu einer Hausbesetzung auf den väterlichen Gütern der Kulturgeschichte – Hausfriedensbruch begehen, statt sich wie bisher mit einem winzigen Eckchen zu bescheiden.

Was wäre,
wenn Frauen sich nicht mehr darauf einließen, sich auf bestimmte (weibliche) Genres zu beschränken, wenn sie sich nicht mehr darum kümmerten, ob das, was sie tun, mit irgendeinem Weiblichkeitskonzept in Einklang steht,
wenn sie sich alle Materialien und Themen gefügig machten,
wenn sie ohne Rücksicht auf Interpretationsmuster hinsichtlich ihres Geschlechts nichts anderes mehr im Sinn hätten als ihr eigenes künstlerisches Vorhaben?

Erst wenn wir Frauen die hergebrachten Definitionen des Weiblichen zurückweisen, wird unsere künstlerische Rede nicht mehr verfälscht sein durch Anpassung an das, was eine ›richtige‹ Frau in der Kunst – und auch sonst – sagen soll oder nicht sagen darf. Erst dann werden wir nicht mehr wie Schauspielerinnen Texte sprechen lernen, die wir nicht erfunden haben und können daher endlich einander entdecken und uns als Gesprächspartnerinnen gegenseitig ernst nehmen. Wir werden uns dann weder von Männern, noch durch uns selber auf Bereiche beschränken lassen, die man uns zugeschrieben oder uns übriggelassen hat. Erst dann kann in unserer Kunst etwas von dem wirklichen Weiblichen erscheinen. Und nur dieses nicht ideologisch vorgegebene Weibliche wird imstande sein, das bisher überlieferte, ausschließlich männlich geprägte Menschenbild zu relativieren.

Anmerkungen

1 zit. nach: Una Birch, Anna Maria von Schuurmann, Artist, Scholar, Saint. London 1909

2 Horst Rieck, Art. in: Das Kunstmagazin, Nr. 12, Hamburg 1979, S. 3

3 Axel Hecht, in: ebd. S. 145

4 Arthur Schopenhauer, Aphorismen zur Lebensweisheit, Hrg. v. A. Hübscher, Stuttgart 1961, S. 84

5 ders., Parerga und Paralipomena: kleine philosophische Schriften, Berlin 1851, Bd. 2, S. 649 ff.

6 Arthur Hübscher, Vorwort zu ›Aphorismen zur Lebensweisheit‹, a. a. O., S. 8 f.

7 Lord Byron, Letters and Journals, zit. n.: Demosthenes Savramis, Das sogenannte schwache Geschlecht, München 1972, S. 48

8 Claudine Herrmann, Die Sprachdiebinnen, München 1977, S. 7

9 Virginia Woolf, Ein Zimmer für sich allein, Berlin 1978, S. 29 f.

10 Silvia Bovenschen, Die imaginierte Weiblichkeit. Exemplarische Untersuchungen zu kulturgeschichtlichen und literarischen Präsentationsformen des Weiblichen, Frankfurt / M. 1979, S. 20

11 Arthur Schopenhauer, Parerga a. a. O., S. 649 ff.

12 vgl. Bovenschen, a. a. O., S. 15: »Dem belegbaren Ausschluß der Frauen aus den geschichtsprägenden politischen und kulturellen Institutionen und Positionen entspricht die thematische Absenz des Weiblichen in den historischen Überlieferungen... weder die faktischen Ausschließungen des Weiblichen aus der Geschichte noch seine Verdrängungen aus dem Geschichtsbewußtsein (sind) von der Theorie sonderlich beachtet worden... es könnte geradezu von einem dreifachen Ausschluß gesprochen werden...«

13 Da die Entfaltung der Erotik nur unter freien Individuen möglich ist, führt die einseitige Machtausübung der Männer zu allerhand Einrichtungen der Kompensation, die systemerhaltend wirken, z. B. zu den Kabinetten, in denen die Domina herrscht.

14 Arnold Bauer, Käthe Kollwitz, Berlin 1967, S. 10

15 Giorgio Vasari, Leben der großen Maler, zit. nach: E. Havemann, Die Frau in der Renaissance, Quellenhefte zum Frauenleben in der Geschichte, Berlin 1927

16 Hedwig Dohm, Emanzipation, Zürich 1977 (Nachdruck der Ausgabe von 1874), S. 55 ff.

17 Dieter Lattmann, Auch Künstlerinnen sind in der Leichtlohngruppe, in: Die Frau, Koblenz 1976, S. 7

18 Karla Fohrbeck und Johannes Wiesand, Handbuch der Kulturpreise, Köln 1978, S. XLIV

19 Angelika Wagner, Vorurteile gegenüber Frauen als Beispiele für eine nicht-bewußte Ideologie, in: Schmidt, H. D. u. a., Frauenfeindlichkeit. Sozialpsychologische Aspekte der Misogynie, München 1973, S. 138

20 Eleanor Maccoby, Carol Nagy Jacklin, Psychology of Sex Differences, o. O., 1973

21 Angelika Kauffmann, Briefe, zit. nach: Eduard Engels, Angelika Kauffmann, Bielefeld und Leipzig 1910, S. 66 ff.

22 Günter Busch, Worpswede in Bonn, in: artis, Nr. 5, Konstanz 1980, S. 12

23 in: artis, a. a. O., S. 16

24 Hans Hildebrandt, Die Frau als Künstlerin, Berlin 1928, S. 84 ff.

25 Jörg Krichbaum / Rein A. Zondergeld, Künstlerinnen. Von der Antike bis zur Gegenwart, Köln 1979, S. 18

26 Giovanni Baglione, zit. nach: Women Artists 1550–1950, hrsg. von Ann Sutherland Harris und Linda Nochlin, Ausstellungskatalog, Los Angeles / New York 1976, S. 111

27 Hans Hildebrandt, a. a. O., S. 112; Hervorhebung vom Verf.

28 Arnold Bauer, Käthe Kollwitz, a. a. O., S. 10

29 Dorothea Tanning, in: L'altra metà dell' avanguardia, 1910–1940, hrsg. von Lea Vergine, Ausstellungskatalog Mailand 1980, S. 276

30 Hans Hildebrandt, a. a. O., S. 84 ff.

31 zit. nach: Una Birch, Anna Maria von Schuurmann, Artist, Scholar, Saint, London 1909

32 Alexandra, Aristarete, Eirene (Proserpina), Kallo, Kalypso, Olympia (Lehrerin des Autobulos), Timarete, Iaia aus Kyzikos (um 100 v. Chr.)

33 Giorgio Vasari, a. a. O.

34 Jörg Krichbaum / Rein A. Zondergeld, a. a. O., S. 8

35 Knaurs Lexikon moderner Kunst, München 1955, S. 208

36 ebd., S. 179

37 ebd., S. 178

38 Marco Chiarini, Palazzo Pitti – Kunst und Geschichte, Florenz o. J., S. 40

39 Hans Hildebrandt, a. a. O.

40 Ann Sutherland Harris / Linda Nochlin, a. a. O., S. 50

41 Sibylle Niester in: Realismus der Zwanziger und der Siebziger Jahre, Ausstellungskatalog Hamburg 1976, S. 3

42 R. H. Wilenski, Dutch Paintings, S. 196: »It is probable that many pictures ascribed to the names most favoured in the international art trade were actually painted by these less successful artists whose signatures have been removed at some times by unscrupulous dealers.« Zit. nach: Karen Petersen und J. J. Wilson, Women Artists, Recognition and Reappraisal – From the Early Middle Ages to the Twentieth Century, New York / London 1976, S. 38

43 ebd., S. 38

44 Charles Sterling, The Metropolitan Museum of Art Bulletin, S. 121, zit. nach Karen Petersen und J. J. Wilson, a. a. O., S. 61
45 André Maurois, zit. nach: Karen Petersen und J. J. Wilson, a. a. O., S. 61
46 artis, a. a. O., S. 16
47 Dorothea Tanning, a. a. O.
48 artis, a. a. O., S. 16
49 ebd.
50 Silvia Bovenschen, a. a. O., S. 21
51 ebd.

Alphabetisches Künstlerinnen-Verzeichnis

Die fett gedruckten Zahlen geben die Abbildungen an, die anderen beziehen sich auf die Seitenzahlen.

Literaturverzeichnis

L'altra metà dell' avanguardia 1910–1940, hrsg. von Lea Vergine, Ausstellungskatalog Mailand 1980

American Women Artists' Show, Ausstellungskatalog Gedok Hamburg 1972

Bataille, M. L. u. Wildenstein, Georges: Berthe Morisot – Catalogue des peintures, pastels et aquarelles, Paris, Les Beaux Arts, 1961

Bauer, Arnold: Käthe Kollwitz. Berlin 1967

Beaux, Cecilia: Background with Figures. Boston: Houghton Mifflin 1930

Der Beitrag der Frauen in der Kunst der 20er Jahre, Ausstellungskatalog, Galerie Pels-Leusden, Berlin 1977

Birch, Una: Anna Maria von Schuurmann, Artist, Scholar, Saint. London 1909

Bosquet, Alain: La peinture de Dorothea Tanning. Paris 1966

Bottari, Stefano: Fede Galizia. In: Arte antica e moderna 24 (1963)

Bovenschen, Silvia: Die imaginierte Weiblichkeit. Exemplarische Untersuchungen zu kulturgeschichtlichen und literarischen Präsentationsformen des Weiblichen. Frankfurt/M. 1979

Brion, Marcel: Leonor Fini et son œuvre. Paris 1955

Cessi, Francesco: Rosalba Carriera. In: Maestri del Colore, Nr. 97

Chamot, Mary: Gontcharowa. Paris, Bibliotèque des Arts, 1972

Chicago, Judy: The Dinner Party – a Symbol of Our Heritage. New York 1979

Clark, Alice: Working Life of Women in the Seventeenth Century. London 1968

Dohm, Hedwig: Emanzipation, Zürich 1977 (Nachdruck der Ausgabe von 1874)

Eichner, Johannes: Kandinsky und Gabriele Münter. München 1957

Engels, Eduard: Angelika Kauffmann. Bielefeld und Leipzig 1910

Frauen sehen sich selbst, Ausstellungskatalog Gedok und »Brigitte«, Hamburg 1980

Galli, Romeo: Lavinia Fontana, pittrice. Imola 1940

Gibbs-Smith, Charles H.: The Bayeux Tapestry. London 1973

Greer, Germaine: The Obstacle Race. London 1979 (deutsch: Berlin 1980)

Guhl, Ernst: Die Frauen in der Kunstgeschichte. Berlin 1858

Herodot: Geschichten. In: Vaerting, Frauenstaat – Männerstaat, Berlin 1928

Herrmann, Claudine: Die Sprachdiebinnen. München 1977

Hess, Thomas B. u. Baker, Elisabeth C. (Hrsg.): Art and Sexual Politics. New York 1973

Heusch, Serge Goyens de: Gilberte Dumont and Victor Lefebvre. Brüssel 1974

Hildebrandt, Hans: Die Frau als Künstlerin. Berlin 1928

Hildegard von Bingen 1179–1979, Ausstellungskatalog, Bingen 1979

Hildegard von Bingen: Wisse die Wege (sci vias). Salzburg 1954

Hirsch, Ludwig: Die Frau in der bildenden Kunst. Stuttgart 1907

Der Hitda-Codex, Faksimile. Berlin 1968

Hommage à Goya, Ausstellungskatalog Gedok, Hamburg 1978

Angelika Kauffmann und ihre Zeitgenossen, Ausstellungskatalog, Bregenz, Vorarlberger Landesmuseum 1968

Klipstein, August: Käthe Kollwitz, Verzeichnis des graphischen Werks. Bern 1955

Kollwitz, Käthe: Ich sah die Welt mit liebevollen Blicken. Hrsg. von Hans Kollwitz. Hannover 1968

Künstlerinnen international 1877–1977, Ausstellungskatalog der NGBK, Berlin 1977

Mainardi, Pat: Out of the Picture. In: MS, New York 1974

Modersohn-Becker, Paula: Briefe und Tagebuchblätter von Paula Modersohn-Becker. Hrsg. von S. D. Gallwitz. Berlin 1920

Paula Modersohn-Becker zum 100. Geburtstag, Ausstellungskatalog des Kunstvereins Bremen 1976

Nabakowski, Gislind u. a.: Frauen i. d. Kunst. 2 Bde. Frankfurt/M. 1980

Petersen, Karen u. J. J. Wilson: Women Artists. New York/London 1976

Pétridès, Paul: L'œuvre complet de Suzanne Valadon. Paris 1971

Realismus der 20er und 70er Jahre, Ausstellungskatalog Gedok, Hamburg 1976

Realität und Kunst – Kunst als Realität, Ausstellungskatalog Gedok, Köln 1980

Ruggeri, Ugo: Giulia Lama, Dipinti e Disegni. Bergamo 1973

Schmidt, Hans Dieter u. a.: Frauenfeindlichkeit, Sozialpsychologische Aspekte der Misogynie. München 1973

Shaw-Sparrow: Women-painters of the World. London 1905

Stelzl, Ulrike: Die zweite Stimme im Orchester – Aspekte zum Bild der Künstlerin in der Kunstgeschichtsschreibung. In: Künstlerinnen international 1877–1977, Ausstellungskatalog, Berlin 1977

Sterling, Charles: A Fine ›David‹ Reattributed. In: The Metropolitan Museum of Art Bulletin 9 (Jan. 1951)

Tufts, Eleanor: Our Hidden Heritage. New York 1973

Vasari, Giorgio: Leben der großen Maler. In: E. Havemann: Die Frau in der Renaissance. Quellenhefte zum Frauenleben in der Geschichte. Berlin 1927

Wilhelm, Jacques: Louise Mouillon. In: L'œil 1956

Women Artists 1550–1950, hrsg. von Ann Sutherland Harris und Linda Nochlin, Ausstellungskatalog, Los Angeles/New York 1976

Woolf, Virginia: Ein Zimmer für sich allein. Berlin 1978